中欧竞合
大变局下的利益再造

张茉楠　宁留甫　谈俊　孙珮　著

中国出版集团
中译出版社

图书在版编目（CIP）数据

中欧竞合：大变局下的利益再造 / 张茉楠等著. ——北京：中译出版社，2023.2
　　ISBN 978-7-5001-7301-4

Ⅰ.①中… Ⅱ.①张… Ⅲ.①对外经济关系 – 研究 – 中国、欧洲 Ⅳ.①F125.55

中国版本图书馆CIP数据核字（2022）第251250号

中欧竞合：大变局下的利益再造
ZHONG-OU JINGHE: DA BIANJU XIA DE LIYI ZAIZAO

出版发行：	中译出版社
地　　址：	北京市西城区新街口外大街28号普天德胜大厦主楼4层
电　　话：	（010）68359101；（010）68359287
邮　　编：	100088
电子邮箱：	book@ctph.com.cn
网　　址：	http://www.ctph.com.cn

责任编辑：	李焕华
文字编辑：	张　斐
封面设计：	华韵匠心（北京）文化创意有限公司
排　　版：	北京杰瑞腾达科技发展有限公司
印　　刷：	北京中科印刷有限公司
经　　销：	新华书店

规　　格：	710mm×1000mm　1/16
印　　张：	16.875
字　　数：	200千字
版　　次：	2023年2月第1版
印　　次：	2023年2月第1次

ISBN 978-7-5001-7301-4　　　　定价：78.00元

版权所有　侵权必究
中 译 出 版 社

序

习近平总书记指出:"当今世界正经历百年未有之大变局,这样的大变局不是一时一事之变、一域一国之变,是世界之变、时代之变、历史之变。"[①] 中欧作为全球最重要的两大经济体,在百年未有之大变局的背景下,双边关系发展的外部环境和条件正发生深刻变化。随着世界之变、时代之变、历史之变进一步展开,发展中欧关系既面临新的机遇,也将面临新的挑战。

中欧关系是世界上最重要的双边关系之一。作为最大的发展中国家和最大的发达国家联盟,中欧经济总量占世界的三分之一。中欧是推动人类进步的"两大文明",是维护世界和平的"两大力量",是促进共同发展的"两大市场"。中欧合作远远超出双边范畴,具有全球性战略性影响。自1975年中国与当时的欧洲经济共同体正式建立外交关系以来,中欧关系虽然经历过波折起伏,但向前向好是主流,双边关系先后迈上建设性伙伴关系、全面伙伴关系、全面战略伙伴关系三个台阶。

回望近50年的发展历程,中欧关系之所以能经受住风

[①] 2022年1月17日,习近平在2022年世界经济论坛视频会议的演讲。

云变幻的考验，主要植根于广泛的共同利益。中欧已形成你中有我、我中有你的经济共生关系，形成了相互依存、合作共赢的发展格局。经贸合作已成为双边关系发展最成熟的领域，也是中欧关系的压舱石。

改革开放以来，中国经济快速发展为中欧经贸关系发展提供了强大动力。中国迅速释放的巨大市场潜力，吸纳了欧洲大量的商品、服务、资本和技术，来自中国的需求推动了欧洲经济稳定发展。而随着欧洲一体化进程深化和市场规模不断扩大，欧盟也成为中国最大的贸易伙伴之一。正是双边经贸关系的不断发展，推动中欧双方形成了全方位、宽领域、多层次的合作格局。

近年来，随着世界进入新的动荡变革期，加之中欧在发展态势、经济实力和互动模式方面的变化，中欧关系也面临新考验、新挑战。从外部环境看，世纪疫情影响深远，逆全球化思潮抬头，单边主义、保护主义明显上升，世界经济复苏乏力，局部冲突和动荡频发。国际局势的复杂变化成为影响中欧关系的重要变量。从中欧关系看，2008年国际金融危机和随后的欧洲主权债务危机给欧洲造成重创，欧洲经济在全球的位势和竞争力受到影响，同时中国经济迅速崛起，国际竞争力增强，欧洲对华的焦虑感和不安全感日趋上升，加之受到美国对华遏制打压政策的影响和干扰，中欧关系合作的一面受到冲击，竞争的一面有所加剧，欧洲对中欧关系的定位也发生新的变化。

欧盟是欧洲政治经济一体化的组织，贸易开放与自由化是欧盟的基石。然而，欧盟近年来采取了与其一直奉行的自由贸易、追求开放合作相悖的做法，限制贸易的措施与规则不断增加，强调贸易与规制"挂钩"，在外资审查、外国补贴审查、公共采购审查等方面全面提高市场壁垒，对中国企业在欧盟境内开展经济活动设置诸多限制，并以安全为由在5G网络建设中排斥中方企业，欧洲议会还出于政治原因冻结了中欧投资协定批准程序，这无疑会损害中欧互惠互利的经贸合作关系。

中国对于欧洲到底是机遇还是挑战？事实是最好的证明。2021年，中欧双边贸易额突破8 000亿美元，创下历史新高。2022年前10个月，中欧双边贸易额已达7 113亿美元，同比增长6.3%，有望再创新高。欧洲持续加大对华投资，强化产业链供应链本土化，2022年前8个月欧盟对华投资增长123.7%。这充分反映了中欧经贸关系的互补性和强劲韧性，更反映出中欧深化经贸合作是市场规律和企业选择共同作用的结果。

中欧关系中竞争是客观存在的，合作始终是中欧双方最好的选择。竞合关系既不是用竞争来取代合作，也不是用合作来否认竞争，而是竞争中有合作、合作中有竞争。我赞同《中欧竞合：大变局下的利益再造》一书中"竞争与合作同时上升将成为中欧关系'新常态'"的观点。面向未来，中欧之间的竞争会增加，但双方合作领域和空间也将进一步扩大。如何对这种竞合状态进行良性塑造，是中欧共同面临的挑战。

从过去数十年欧盟对华政策的变化可以看出，当实力差距较大的时候，中欧之间合作要大于竞争。伴随中国经济实力日益上升，中欧已呈现竞争性增强的态势。欧盟以"三分法"调整对华关系定位，即"在不同的政策领域，中国既是与欧盟有相似目标的合作伙伴，又是欧盟需要找到利益平衡点的谈判伙伴，还是同样追求技术领导地位的经济竞争者，也是扩展不同治理模式的体系型对手"。这种调整，固然有国际环境变化和受美国对华政策影响的因素，但中欧经济实力对比的变化也是重要因素。

中欧作为世界经济格局中的两支重要力量，中欧关系关乎全球经济稳定和亚欧大陆繁荣。中国始终从战略高度看待中欧关系，视欧洲为全面战略伙伴，支持欧洲一体化、支持欧盟团结繁荣、支持欧盟战略自主。2014年3月，习近平主席在与时任欧洲理事会主席范龙佩会谈中提出，中欧要努力塑造"四大伙伴关系"，即和平伙伴关系、增长伙伴关系、改革伙伴关系、文明伙伴关系。在2022年11月印度尼西亚巴厘岛二十国集团（G20）领导人峰会上，习近平主席在与法国总统马克龙会见时指出，中欧双方应该扩大双向贸易和投资，维护全球产业链供应链稳定畅通，维护国际经贸规则和秩序，为新时期中欧关系发展指明了前行方向。

万物并育而不相害，道并行而不相悖。历史已经证明，中欧双方是彼此的机遇而不是挑战，互利合作是中欧关系的主基调。中欧应相互尊重、求同存异、和而不同，不断增进彼此理解和信任，在合作中扩大共同利益，在发展中破解难题。中欧要做促进共同发展的两大市场，以中欧开放合作推进经济全球化深入发展，打造更具世界影响力的中欧全面战略伙伴关系。

2022年是中国与欧盟正式建交47周年，中欧关系发展正步入一个关键时期。如何全面客观看待中欧的竞合状态，如何促进中欧关系走向正和博弈，如何重塑中欧利益关系的新支柱？思考和回答这些问题意义重大，需要我们打破既定思维，从更大格局、更多视角、更长周期审视中欧关系。张茉楠、宁留甫、谈俊、孙珮共同撰写的《中欧竞合：大变局下的利益再造》一书，深入分析中欧经贸关系的历史经纬，提出重塑中欧竞合格局的新思考和新路径，有助于深化认识中欧经贸关系发展的内在逻辑，特此向读者推荐。

二〇二二年十一月

目录 CONTENTS

第一章　百年变局：重塑中欧利益关系的时代背景 …………… 001

一、世界之变：国家利益与国际秩序重构 ………………… 001

二、大变局下重塑中欧利益关系的机遇与挑战 …………… 007

三、新的竞合战略：中欧利益关系将何去何从？ ………… 011

第二章　中欧利益关系70年：历史、逻辑与挑战 …………… 021

一、中欧利益关系的演变进程与历史经纬 ………………… 022

二、中欧利益关系的演变逻辑与内在动力 ………………… 038

三、大变局下的中欧利益关系面临新考验 ………………… 054

第三章　利益共存者：重塑中欧利益关系的新定位 …………… 065

一、利益共存者：大变局下中欧利益关系新定位初探 …… 066

二、中欧利益关系：算总账、守底线、谋大势 …………… 074

三、中欧利益关系三大支柱：贸易、能源、制造 ………… 098

第四章　全球贸易大逆风：稳定中欧经贸基本盘 …………… 107

一、全球贸易秩序站在重构的十字路口 …………………… 107
二、欧盟战略转向下的价值观贸易 ………………………… 113
三、欧盟价值观贸易战略下中欧深入竞合 ………………… 125
四、超越"价值观藩篱"决胜中欧竞合 …………………… 136

第五章　欧洲能源大危机：锻造中欧利益新纽带 …………… 149

一、乌克兰危机背后的能源大博弈 ………………………… 150
二、欧洲能源大危机的连锁反应 …………………………… 165
三、能源大危机下的中欧竞合方略 ………………………… 180

第六章　欧洲制造大转移：重塑中欧竞合新格局 …………… 193

一、全球制造业加速"链变" ……………………………… 193
二、欧洲制造深陷"去工业化"困境：现状与趋势 ……… 201
三、制造业中欧竞合格局重塑：挑战与机遇 ……………… 215

附　表 …………………………………………………………… 239

参考文献 ………………………………………………………… 255

第一章[①]
百年变局：重塑中欧利益关系的时代背景

当今世界百年未有之大变局加速演进，国际力量对比深刻调整，各国利益矛盾分歧加剧，多极化在曲折中发展，中欧利益关系也正进入一个结构性变化的新时期。中欧关系是国际秩序和世界格局中最重要的双边关系之一，中欧关系的调整与重塑不仅影响大国关系的走势，还将影响到百年未有之大变局的演进形态。近年来，中欧关系的互利性、战略性在上升，但竞争性、博弈性也在上升。面对当前国际局势的剧烈动荡，以及中欧利益关系起伏波折带来的严峻挑战，我们须积极探索中欧利益关系的新范式，重塑中欧利益格局的新框架。

一、世界之变：国家利益与国际秩序重构

世界之变在于实力之变、格局之变、关系之变、战略之变、

---

① 本章由张茉楠博士执笔完成。

规则之变,随之,大国关系也发生深刻而复杂的变化。研判世界之变的主要特征和未来走向对评估全球战略环境,以及运筹中欧利益关系的重要性不言而喻。

(一)逆全球化风险

逆全球化从来就不是一种全新的现象。可以说从全球化开始之时,制约全球化的力量就相应存在,由此造成逆全球化现象每隔一段时间就会发生。回顾全球百年贸易历史,自由贸易也并非永恒的主旋律。1914年到1945年的30多年间,伴随着两次世界大战、1918年的西班牙大流感和20世纪30年代的经济大萧条,各国贸易保护政策显著增加、关税大幅提升,最终带来全球贸易规模的全面收缩。2008年国际金融危机以来,各种逆全球化思潮、反全球化运动此起彼伏。从2011年的"占领华尔街"运动到2016年英国公投脱欧,再到2017年美国特朗普政府上台,以及世界范围内保护主义、民粹主义、孤立主义的兴起,逆全球化浪潮来势汹涌,大有扭转经济全球化发展之势。全球贸易预警数据库(Global Trade Alert Database)显示,因美国对华发动贸易战等贸易保护主义升级,对自由贸易的不利干预在2020年激增至4802个,比2019年增长87%,此后有所下降(见图1-1)。

随着国际力量对比深刻调整,新兴国家群体性崛起,对原有强国的地位、利益和影响力形成严峻挑战,引发国家间的战略竞争加剧。曾经主导经济全球化的以美国为首的西方国家成了逆全球化的主要推手,在对外经济政策中越发表现出严重的保护主义、本土主义、排他主义倾向,各种关税和非关税壁垒手段和工具花

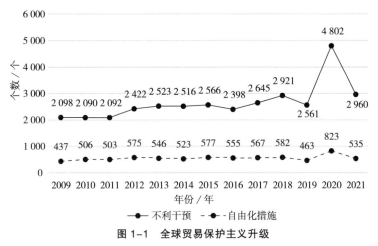

图 1-1　全球贸易保护主义升级

数据来源：全球贸易预警数据库（Global Trade Alert Database）

样翻新，动辄"筑墙设垒""脱钩断链""长臂管辖"，鼓吹"去中国化"和"友岸外包"，吸引跨国公司回流，甚至对特定企业和产业链进行制裁，人为中断、扭曲产业链。保护主义抑制了全球贸易发展，削弱了国际专业化分工，降低了全球生产效率。而"世纪疫情""乌克兰危机"更是与"百年变局"叠加成为各种矛盾的"催化剂"，日益加剧国家间的结构性洗牌，加速全球供应链产业链价值链的本地化、区域化、分散化趋势。要求改变全球化利益分配格局和打压战略竞争对手的图谋，成为一股强大的反全球化力量，加速了世界经济体系的分裂，使得全球产业链供应链愈加脆弱，导致全球资源配置效率下降和制造成本大幅上升，逆全球化不断加剧使全球被动进入"高成本时代"。

（二）大国竞争风险

大国竞争是国家间互动的重要形态，也是推动世界历史进程的核心要素。现阶段，全球正面临前所未有的大国竞争风险与严峻挑战，美、中、俄、欧"大四角"关系如何演变将成为影响世界百年未有之大变局走向的重大关系变量，这其中，中美关系的深刻变化则事关全球大国关系调整的战略全局。

近年来，中美关系发生重大变化的一个重要原因是美国对华战略思维的转变。对崛起大国的战略焦虑、国家利益的排他性定义、地缘政治的再度兴起——这些都反映了美国战略思维的转变，并导致了美国战略行为的变化，包括对中美相对身份的再界定、对美国利益的再确定、对意识形态的再考量。

随着2017年年底特朗普政府发布《美国国家安全战略》报告宣称"大国竞争回归"以来，美国对华政策逐渐强硬，明确将中国定义为"战略竞争对手"，与中国展开大国竞争。拜登政府上台后，延续并扩展了对华全面战略竞争，将中国定位于美国"最大的长期威胁"。对内，拜登政府加强投资建设，以保持对中国的竞争力以及在世界上的领先地位，并以中国为假想敌、以制度竞争为借口来加快美国国内对华政策的议程达成。对外，拜登政府则是重振联盟和伙伴关系，重返国际机构，重塑美国在国际体系中的主导地位，并采用地缘、经济和科技等手段对华实施战略遏制。美国在推进联盟战略时，一方面重振传统的跨大西洋伙伴关系，另一方面则重点在中国周边地区构筑反华"包围圈"：积极推进所谓的"印太战略"，提升美、日、澳、印"四边机制"的层级，进一步强化传统的美日、美韩、美澳等双边同盟关系，建立美、英、澳三边安全伙伴关系（AUKUS），强化"五眼联盟"，提出印太经济框架（IPEF），拉拢欧洲盟国介入印太事务，以所谓涉台、涉海、涉疆、涉港等问题对中国施加地缘政治和经济压力，企图消耗中国发展资源，遏制中国发展空间。特别是在科技领域，拜登政府对华发动科技战，构筑"小院高墙"，试图在尖端科技领域与中国"精准脱钩"，遏制中国科技和产业发展。

（三）全球治理失序风险

当前，全球经济秩序正遭遇二战以来最严峻的挑战。二战后，世界发展经历了较长时间的"黄金增长期"。如今，世界正发生重大变化，而且很多变化带有转折性的意义。2008年的国际金融危机被认为是一个重大转折点，美国次贷危机引发全球性的金融危机，其标志性含义是"新自由主义"（也称"华盛顿共识"）导向下的发展进程终结，诸多逆势思潮与行为涌现。特朗普上台后，提出"美国优先"战略，以单边制裁对付竞争者，退出跨太平洋伙伴关系协定（TPP），阻止世界贸易组织（WTO）运行等。之后拜登政府提出"对华全面战略竞争"，破坏了基于普遍性开放发展的多边主义原则。一些西方国家抱着冷战思维不放，逆历史潮流而动，大国间的信任赤字导致冲突频发，全球治理平台不断被霸权国"工具化"地使用，和平赤字、发展赤字、安全赤字、治理赤字进一步加重。

近年来，以WTO为代表的多边贸易体制面临着极大挑战。以规则为基础的全球经贸治理秩序正在崩塌，多边贸易谈判停滞不前，贸易自由化、便利化、全球经济一体化、非歧视待遇、最惠国待遇等WTO的基石已被动摇，越来越多的贸易保护措施和单边经济制裁在国家安全名义下出台。除2013年达成的"巴厘一揽子协定"和 2015 年达成的削减农产品贸易补贴和《信息技术协定》（ITA）扩围之外，WTO 多边贸易谈判长期止步不前。更为雪上加霜的是，美国反复以"系统性问题"尚未解决为由，阻挠 WTO 上诉机构大法官遴选，导致世贸组织争端解决机制上诉机构停摆，多边贸易体制的权威性和有效性进一步受损。

而乌克兰危机导致战后国际秩序和经贸治理体系进一步撕裂，国际秩序和治理体系面临重大调整。二战以来的全球货币、金融、贸易体系遭遇到前所未有的冲击，全球化相关理念、机制、可信度遭到严重破坏。旧秩序难以为继，新秩序尚未搭建，这正是世界百年未有之大变局的本质特征，也是当前国际局势云谲波诡的根源所在。在百年变局与秩序重构的历史进程中，大国经济关系及其行为模式发生了重大变化。

第一，相互依存关系的"武器化"。全球化塑造了一个各国相互依存的世界，相互依存的核心是合作。经济上的相互依存表现在贸易投资、市场、技术、金融等方面。然而，依存关系也让世界看到了其脆弱性，一旦彼此关系恶化，依存关系就被作为武器来打击对方。

第二，经济关系的"安全化"。要防范"国家安全"的泛化，多边贸易规则得不到尊重。以往全球化的逻辑是市场逻辑，是从经济效益最大化的角度来布局投资、生产、流通等。然而，在当前国际发展环境中，安全议题变得越来越突出，几乎嵌入政治、经济、社会、文化等各个领域。在安全因素凸显的情况下，很容易产生"泛安全化"的导向，经济关系的"安全化"会极大破坏甚至扭转经济全球化的逻辑。亚洲开发银行等机构的联合研究显示，2000—2010年经济全球化发展较为迅猛，全球总出口年均增长8.7%，间接出口年均增长9.7%，而2010—2019年经济全球化明显减速，总出口和间接出口的平均增长率都大幅放缓，全球出口总额的平均增长率降至3.7%，间接出口的平均增长率降至3.8%。一些发达国家和跨国企业开始重新审视产业链的稳定性和安全性，试图在效率优先原则和安全稳定原则之间寻求新的平衡，全球产业链供应链竞争愈发呈现泛安全化倾向。

第三，国际经济关系的"意识形态化"，或者用西方话语讲就是所谓"价值观化"。在这一背景下，经济效率将不再是国际经济关系的最主要驱动力，对共同价值观和地缘战略兼容性的需求越来越多地影响国家间的交往。要防止一些国家以意识形态为由将贸易规则集团化，形成排他性的贸易集团。将经济问题政治化，从地缘政治角度出发制定国际贸易规则，强调"价值观挂帅"，以西方价值观为先决条件，"非友莫入"。

第四，全球公共产品的"工具化"。美国等西方国家在对竞争对手与对立关系国家的制裁中，越来越频繁、越来越广泛地使用金融武器作为大国博弈和竞争的新手段，并将美元以及以美元为基础的国际支付体系这一全球公共产品"工具化"，以实现其全球战略和政治经济目标。

二、大变局下重塑中欧利益关系①的机遇与挑战

百年未有之大变局、国际秩序和国际格局重组、大国博弈加

---

① 本书所涉及的中欧利益关系，以欧盟为重点。

剧与欧洲力量的脆弱性，动摇了欧盟长期赖以发挥的国际影响力基础，推动其寻求对外战略新定位。欧盟反思其国际地位面临边缘化风险的原因，不断抛出"战略自主""主权欧洲""欧洲主权"等一系列新概念（见附表1-1），寻求在大国以及多边规则体系下新的平衡。随着欧盟日益强化"主权战略"，其对外战略更具竞争性和冲突性，以维护欧洲主权为名，欧盟对主权的诉求几乎覆盖所有的政策领域，从防务到经济、从产业到技术、从绿色到数据、从卫生到粮食，主权原则成为所有政策领域的主导原则。特别是在关键技术、关键基础设施、战略价值链等方面，强调战略利益的优先性、战略价值链的独立性和完整性、关键基础设施的自主性，政治化与安全化趋势愈发明显。

近年来，随着欧洲一体化遇阻、中美博弈加深，中欧经济实力与政治影响力对比的变化，欧盟政界对中国全球角色的认知也在随中国实力的增长而相应调整，并催生出对华关系的三大新定位：中国是一个欧盟需要找到利益平衡的谈判伙伴，一个寻求技术领先的经济竞争者，以及一个提倡不同治理模式的体制对手。

从内部因素看，欧盟和欧洲国家的安全考量因素大幅增长，泛政治化和泛安全化思维上升，使中欧关系增加了产业安全、供应链安全、气候安全、数据安全等非传统安全问题，进一步强化了价值观和模式竞争。依靠在过去两个世纪塑造全球议程中长期积累的制度、价值观、文化和人力资源优势，再加上欧洲因自身一体化而总结出的国际治理经验，欧盟依然希望成为塑造国际秩序的"规范性权力"，并形成对华战略竞争的制衡，通过强化战略自主以减少对外部的产业链供应链依赖。

从外部因素看，美国因素无疑在其中扮演了重要的角色。如，美国把中国定为"战略竞争对手"，欧洲随后就把中国定为"制度性竞争对手"；美国发动对中国的贸易战，欧洲则出台了限制外商投资、自由贸易等一系列规定。虽然欧洲一再强调"战略自主"，但在安全、科技、经贸等领域仍然对美国有依赖。2019年以来，《外资审查条例》《反倾销法》《供应链法案》《外国政府补贴条例（草案）》，以及欧盟《国际采购工具》、碳边境调节机制（CBAM）等法律法规和贸易工具相继推出，这给经历过几十年发展历程的中欧关系带来了全新的考验。

纵观历史，在70多年的历程中，中欧关系的发展速度前所未有，广度和深度前所未有，但遇到的问题和挑战也前所未有。70年来，中欧在各自的发展进程中相互倚重和依赖，相互提供发展机遇，形成"你中有我、我中有你"的依存性增长关系。中国与欧盟之间的关系兼具多边、双边和多层次的性质，充分认识中欧关系的全局性、复杂性，对于重塑中欧的利益关系至关重要。

当前，乌克兰危机的地缘政治冲击，以及日益严峻的经济形势、能源危机、通胀高企、欧元大幅贬值等不确定性因素交织在一起，正在动摇欧盟实现"战略自主"的经济和社会基础。欧洲经济衰退很少表现得如此明显。2022年夏季过后，情况逐渐变得更加糟糕。高企的能源成本让欧元区2022年8月生产者物价指数（PPI）达到创纪录的43.3%；2022年10月制造业采购经理指数（PMI）下滑至46.4%，连续4个月低于荣枯线，刷新自2020年5月以来的29个月新低。创纪录通胀和经济疲软正在加剧欧洲的生活成本危机，持续侵蚀市场对商品的需求，导致欧元区制造业PMI

指数降至自 2020 年疫情封锁以来的最低水平，进一步强化了市场对欧元区衰退的预期（见图 1-2）。作为欧洲火车头的德国经济遭遇沉重打击。德国 2022 年 10 月 PMI 数据在欧元区排名倒数第二，仅次于西班牙。其余欧元区国家制造业几乎都经历了更大幅度下降，下滑速度创下自 2020 年上半年疫情暴发以来的最快纪录。

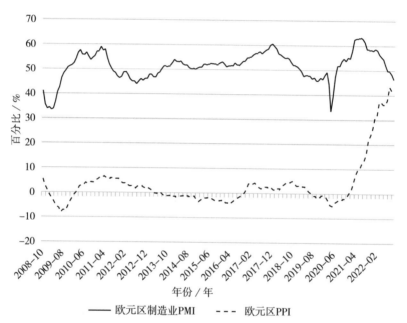

图 1-2 乌克兰危机以来欧元区制造业遭遇重创
数据来源：欧盟统计局、Wind 资讯

能源制裁及其"去俄化"严重削弱了欧洲制造的竞争力，曾经享受多年廉价能源红利的欧洲制造业面临严峻挑战。不仅钢铁、玻璃、造纸、化肥等能源密集型行业遭受冲击，有机化学品、电气设备、机械设备和汽车零部件等制造业工厂也被迫减产或关闭，欧盟不得已将部分制造业订单转移。2022 年 5 月，作为欧元区最大经济体和欧洲传统工业强国的德国甚至时隔30多年首次出现"贸易逆差",贸易形势急剧恶化。由此,欧盟单靠自身力量在短期内难以避免陷入多重困境,迫切需要借助外部力量提振身陷困境的欧洲市场信心,提高对欧盟经济复苏的预期。

中欧关系关乎全球稳定和亚欧大陆繁荣。对中欧共同利益而言,由于经济全球化,亚欧大陆已经形成密集的全球产业链和巨额消费市场,中欧已经形成较深程度的经济相互依赖关系。同时,中欧外贸依存度均高于世界平均水平和美国等发达国家,维护经济全球化格局是双方的共同利益所在,且依旧具有巨大的发展空间。中欧应携手扩大双边投资、增进双边贸易、改善双边关系,以中欧开放合作推进经济全球化深入发展。

三、新的竞合战略:中欧利益关系将何去何从?

"度之往事,验之来事,参之平素,可则决之"。如今中欧关系处在一个新的十字路口。面临中欧关系的新变化、新挑战,习近平主席明确指出,"中欧是全面战略伙伴,中欧是彼此机遇,中欧的共同利益远大于分歧。中方支持欧盟战略自主。中欧关系不针对、不依附、也不受制于第三方。这是双方应该长期坚持的战略共识。双方应该坚持辩证、长远眼光,坚持相互尊重,坚守正确认知,加强沟通,增进互信。面对地缘政治危机,倡导对话和合作,以中欧关系的稳定性应对国际形势复杂变化;面对疫后复苏难题,加强发展战略对接和政策协调,以中欧合作的开放性推动世界经济企稳增长;面对全球性挑战,聚焦气候变化、可持续发展等攸关人类未来的领域,以中欧对话的广泛性促进全球治理深入发展。"①

作为全球两大市场、两大力量和两大文明,中欧彼此优势互补,利益深度交融,双方并无战略利益的直接冲突,却有着经济合作的巨大潜力。特别是当下欧盟战略环境正发生重大变化,中欧合作的共同利益和意愿均在增大,双方关系仍有很大发展空间。应站在中欧关系发展的战略高度,以中欧合作的稳定性来应对世界局势的不确定性,以新的竞合关系来重塑中欧利益的新格局。

中欧关系到底如何"竞"与"合"?"竞合"这一概念,最早由耶鲁管理学院拜瑞·J.内勒巴夫和哈佛商学院亚当·M.布兰登勃格于20世纪90年代中期提出。他们认为:"创造价值是一个合作的过程,而攫取价值自然要通过竞争,这一过程不能孤军奋战,必须要相互依靠。"简单讲,"竞合"就是竞争中求合作,合作中有竞争,是非零和博弈。竞争与合作是不可分割的整体,通过合作中的竞争,竞争中的合作,实现共存共荣,共同发展,这是企业追求的最高境界,竞合的着眼点就在于共同把产业蛋糕做大。

合作竞争是一种高层次竞争,合作竞争并不意味着消灭竞争,而是要从自身发展与经济社会资源优化配置的角度,促进商业关系的调整,从单纯的对抗竞争走向竞争与合作并存的"竞合"新局面。企业间如此,国家间亦如此。国家之间的竞争,归根结底是经济利益的竞争。一直以来,竞争是经济学关切的重要议题与

---

① 2022年5月9日,习近平同德国总理朔尔茨举行视频会晤讲话。

核心概念，其内涵延伸至国际关系领域，争夺利益的行为被称为竞争，竞争的过程则被称为博弈。

从历史发展规律看，改革开放加速了中国全面融入全球化的进程，释放了产业分工与经济增长的效率。经过多年的效率提升，中国经济在总量和产业规模上具备了超越欧盟的态势，从而导致中欧竞争成分增强。中欧竞争的现实性不容回避，中欧间的竞争或博弈不断向纵深发展也是一个长期趋势，但不能简单地将中欧利益关系中的竞争成分过度放大，甚至放大为对抗关系。中欧这样两个具有不同历史、文化、制度背景的经济体，要形成一种良性的竞争与合作并存的新关系殊为不易，双方若想打破"零和"局面，必须强调互利共赢的务实交往，而非执念于价值观与意识形态的差异性和对抗性。如何求同存异、管控分歧，构建新的利益关系，以及新的竞合战略是双方寻求利益最大化，最大程度减少代价和成本的通路。

暮色苍茫看劲松，乱云飞渡仍从容。在全球经济增长停滞，单边主义、霸权主义、保护主义抬头，某些欧洲政客跟随美国起舞，在多次叫嚣"重构对华关系""对华脱钩"的杂音之下，中欧经贸投资往来呈现出不断深化、更上一层楼的态势殊为不易。经贸关系在中欧关系中长期发挥着"推进器"和"压舱石"的作用，也是中欧之间最紧密的利益纽带。当前，中国已经成为欧盟第一大贸易伙伴、第一大进口来源地、第三大出口市场。欧盟也是中国第二大贸易伙伴、第二大进口来源地、第二大出口市场。2021年，中欧经贸关系仍在逆势中不断提升，双边货物贸易额达5.35万亿元（约合8 281亿美元），较2020年增长19.1%，创历史新高。2022年前三季度，中欧贸易继续保持良好发展势头，双边贸易总额为4.23万亿元，增长9%，占中国外贸总额的13.6%（见图1-3）。中欧贸易结构也实现了优化，航空航天、生物、光电、电子、材料等领域的贸易增速超过了30%。中欧双边贸易凸显活力、韧性与潜力。

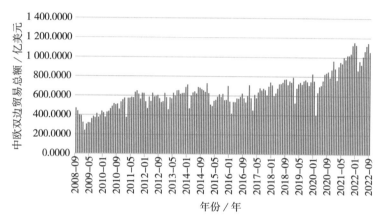

图 1-3　中欧双边贸易总额

数据来源：海关总署

中欧双边投资保持稳定增长。欧盟中国商会与企业管理咨询公司罗兰贝格联合发布商会年度旗舰报告《携手并进，共铸未来——中国企业在欧盟发展报告2022》显示，2021年，中欧双向投资规模累计超过了2 700亿美元。2022年1—8月，欧盟在中国投资同比增长123.7%。根据德国央行数据，2022年上半年德国对中国市场直接投资101亿欧元，创历史新高。

合作竞争（竞合）是当前中欧经贸利益关系的新特点、新趋势，竞争与合作同时也将成为中欧关系的"新常态"。

从互补角度看，欧洲主要国家在高精尖技术领域具有相对优势，与我国庞大的消费市场形成了良好的互补关系。例如，机电和化工领域的双边贸易为中欧形成了良好的协作环境。我国与欧洲在汽车、飞机等机械设备行业存在紧密的产业链上下游关系，其中德国、法国和意大利是我国的重要零部件供应国。中国已经成为机械设备整车整机总装和机械设备生产的全球基地。尤其是新冠肺炎疫情以来，中国作为全球最大的中间品大国的地位进一步凸显，对欧出口中间产品贡献明显上升，对稳定欧洲产业链供应链发挥了积极作用。

从合作角度看，中欧合作依旧是主流和方向。早在20世纪70年代，邓小平到访欧洲时就曾指出："欧洲和亚洲实际是一个大陆，你们在西边，我们在东边，把我们联系在一起的因素比人们想象的要多得多。"中国制造业的崛起是一部波澜壮阔的发展史，这其中外资也成为中国制造业整体竞争力不断提升的重要推动力。

以汽车行业为例，虽然我国整车产量已多年稳居全球第一位，但变速箱、高强度轴承等关键部件仍多为国外企业所提供。这些为最终产品提供关键零部件，是产业链发展中必不可少的关键环节，攫取了产业链中绝大部分附加值，其质量决定了这个产业的整体竞争力。回顾过往，欧洲技术对中国汽车产业的蓬勃发展起到了积极作用。起初，欧资车企在以合资的形式进入市场后，把许多国际知名零部件供应商引入国内，我国逐渐建立了完整的供应商体系，同时为国内汽车产业的发展打下了基础。在早期的投资中，培育零部件体系、扩大生产基地以实现国产化是主要方向，而国产化的快速推进也促进了车企市场份额的增长。近年来，宝马、大众、奔驰、奥迪等多家德国车企对中国市场的投资动作频频,将新技术、研发等资源带到中国市场,同时与本土企业合作已成为大势所趋。

专栏 1-1

中德汽车合作,打破零和博弈的"竞争叙事"

当部分国家开始打着"产业链供应链安全"的旗号,准备与我国脱钩断链时,在德国国内也出现了减少所谓"对华依赖"的声音。但中德企业的合作,与这些言论形成了鲜明的对比。

就在 2022 年 11 月朔尔茨首次访华前不久,一家中国企业在匈牙利启动新建一座工厂的项目。这家工厂为欧洲汽车制造商生产电芯及其他模组产品。在这座工厂不远处,是德国企业宝马在匈牙利生产新能源汽车的工厂。中德两家工厂就近完成装配,然后卖到欧洲市场。

2022 年 6 月,欧盟达成共识,要从 2035 年开始在欧盟境内停止销售新的燃油车。这给德国汽车工业带来不小的挑战——此前,作为传统的汽车工业强国,德国的转型并不及时。无论是新能源汽车本身,还是汽车行业升级转型带来的数字化、智能化、软件化,德国企业都有不小的短板。而中国企业,恰恰能弥补这样的短板。

中国德国商会华北及东北地区执行董事晏思表示,过去,德国公司更多地带来技术与知识,现在,德国公司更需要弄清楚哪些方面可以向中国公司学习,中国公司在哪些技术和领域是领先的。如果说桑塔纳汽车代表"过去",那新能源汽车,就代表"现在"。

世界到处都有竞争,而竞争的另一面,也意味着共同发展、向前进,真正在进步中共同塑造未来。中国的5G、软件、电池等,加上德国的汽车制造优势,中德双方在新能源转型中共同发展。

汽车的例子,也在中德其他合作领域上演。中德双方的合作,并没有陷入零和博弈,而是在充分考虑彼此发展阶段的同时,以建设性的态度追求合作的最大公约数。

从竞争性角度看,近年来,中欧前五位出口产品重合度越来越高。2021年,中国对欧盟出口前五位产品类目为通信设备、数据处理设备、电子元器件、电力机械、家用设备,欧盟对华货物出口前五位产品类目为乘用车、汽车零部件、集成电路、药物、飞行器。这在一定程度上反映了中欧相互间竞争性的提高,更验证了合作与竞争本来就是不可分割的整体,通过合作中的竞争、竞争中的合作,才能获得"双赢"。

世界大变局之下,全球化仍是人类历史发展的必然趋势。全球化发展的依托是开放的市场和支持合作的政策。中国40多年发展的重要经验之一就是遵循全球化的发展规律,主动融入全球化,适应全球化,但是现在美欧等西方国家全面调整其全球化政策,努力重建世界经贸秩序,在这一过程中想尽各种办法打压中国,从技术上封锁中国,在贸易圈中排挤中国,力图将中国排除在新规则、新秩序塑造过程之外,企图利用其各方面优势锁住中国的发展定位。世界无法与中国"脱钩",中国也无法与世界"脱钩"。

当前,重塑中欧关系面临新的窗口期。进入21世纪第二个十年以来,全球正面临新冠肺炎疫情、气候变暖、粮食危机、经济衰退风险等考验,没有一个经济体可以独善其身。特别是2022年以来,受新冠肺炎疫情持续蔓延、乌克兰危机等因素影响,全球经济可能进入一个长期增长疲弱、通胀高企的"滞涨"时期。

欧盟深陷增长困境,在高通胀和能源危机夹击下,衰退风险进一步加剧。而中国也同样面对复杂严峻的发展环境,由于疫情散发、多发等超预期因素影响冲击较大,增长预期转弱,部分地区生产、投资、消费受到一定影响,市场需求不足的矛盾比较突出,企业生产经营困难增多,制约了经济稳定恢复。因此,双方都有加强合作的内在诉求和动力,双方应创造条件推动关系转圜。2022年12月1日,继德国总理朔尔茨访华之后,欧洲理事会主席米歇尔也与习近平主席在疫情之后举行首次面对面会晤,这说明无论是从现实需求,还是发展前景出发,中欧都是分不开的合作伙伴。

困难是暂时的,做伙伴才能解决困难,做对手只能制造困难。中欧在拓展传统领域合作潜力的同时,要激活新兴领域的合作活力。比如,在数字经济、智能制造、移动互联、可持续能源、生态环保、绿色金融等领域具有非常广阔的合作前景。双方应进一步深挖合作潜力,共同努力维护良好的贸易投资氛围、降低市场准入壁垒,创造开放、公平、公正、非歧视的营商环境。

中国高水平开放,是与世界合作共赢的开放。中国向世界宣誓了坚定不移扩大对外开放的决心。近年来,中国在外资市场准入、投资促进保护、制度性开放等方面进展显著，全方位对外开放取得了新突破。当下，中国式现代化的新征程已经开启，继续实施高水平对外开放是中国实现高质量发展的必由之路，继续拓展和深化与包括欧盟在内的合作伙伴关系，共享发展机遇，符合中国发展权益，也符合欧盟的切身利益。大变局下重塑中欧利益关系，需要遵循经济全球化规律，利用双方科技、产业、市场的叠加优势，打造相互开放的制度环境，以利益平衡为导向挖掘更多合作潜力，以合作来遏制、对冲"脱钩"的潜在风险，在变局、乱局中携手合作，稳定中欧合作大局，则势必将开创大国竞合关系的新范式。

第二章[①]
中欧利益关系 70 年：历史、逻辑与挑战

中欧关系 70 年的历史演变，既打上了不同时代的深刻烙印，也反映出中欧关系的多面性和多层性，更展现出中欧关系的独特战略地位和深度利益依存。70 年来，中欧从对立隔阂到实现建交，从关系起步到深化往来，改变了建交之初双边关系在国际格局中的边缘和从属地位。作为当今世界的"两大力量""两大市场""两大文明"，中欧关系已成为足以左右和改变当今世界格局的最重要的双边关系之一。双方在各自的发展进程中相互倚重和依赖，相互提供发展机遇，逐渐形成"你中有我、我中有你"的互相依存关系。

从中欧关系历史发展的逻辑来看，中国改革开放后形成的巨大市场机遇，吸引了大量的欧洲商品、服务、资本和技术涌入中国。伴随着中国改革开放向纵深发展，中国形成了全方位、宽领

[①] 本章由宁留甫博士执笔完成。

域和多层次的开放格局，中国市场对欧洲的重要程度迅速上升。与此同时，随着欧洲一体化的拓展和深化，以及中国实力的不断增强，中国开始走入欧洲，对欧贸易投资的规模和层次日益提高，中欧经贸关系更加密切。

此外，双方在全球治理等领域的合作也从无到有，从有到多，逐渐成为全球舞台上不可或缺的重要力量。然而，近年来，受中欧实力对比变化、保护主义冲击、新冠肺炎疫情以及大国博弈加剧等一系列复杂因素的影响，欧方不断升级贸易投资防护体系，改变了"经济归经济、政治归政治"做法，开始从"政经一体"甚至"政治优先"的角度来看待对华经贸合作，中欧经贸关系面临前所未有的考验和挑战，大大限制了双方合作的利益空间。

一、中欧利益关系的演变进程与历史经纬

（一）20世纪90年代初之前：突破冷战格局下的双边关系起步

从中华人民共和国成立到20世纪90年代初，由于众所周知的原因，中欧关系走过了一段曲折复杂的道路。20世纪70年代初，随着中美相互隔绝的局面打破，西欧国家快速调整战略，纷纷与中国建立外交关系。1975年，欧洲经济共同体与中国正式建交。1983年，中国同欧洲煤钢共同体和欧洲原子能共同体也建立了外交关系，从而实现了中国同欧洲共同体（简称欧共体）的全面建交。这一阶段，中欧关系战略和安全上的考虑是第一位的，经济

合作在中欧关系中是第二位的,但这并不影响双方经贸关系的建立和不断深化。随着中欧双方对彼此了解的不断加深,欧洲把中国看作是一个未开垦的"处女地",纷纷进军中国开展合作、占领市场。中国也认识到,当时的欧共体已经成为一个强大的经济中心。作为发达经济体的欧洲,逐渐发展成为中国引进资金和技术的重要对象。中欧双边贸易额,从1975年的24亿美元激增至1989年的235.1亿美元,增长了约十倍。在当时的中欧经贸合作中,"四三方案"成为中国改革开放前引进包括欧洲在内的西方资金和技术的佳话(详见专栏2-1)。

专栏 2-1

引进西方技术的"四三方案"

改革开放之前,中国经济发展的基础十分薄弱,广大人民群众的"吃穿用"问题长期得不到解决。1973年1月,当时的国家计划委员会向国务院提交了《关于增加设备进口、扩大经济交流的请示报告》,建议在3—5年内引进总价值43亿美元的成套设备和项目,被称为"四三方案"。后来,又在此基础上增加了一些项目,计划总额达到51.4亿美元。这是继中华人民共和国成立之初引进苏联援助的"156项工程"之后,第二次大规模的技术引进。"四三方案"前后共兴建了26个大型工业项目,总投资约214亿美元,到1982年这些项目全部投产。"四三方案"的实施,成套设备和先进技术的引进,促进了我国基础工业尤其是冶金、化肥、石油化学工业的发展,更为后来中国的对外开放打下了思想基础和行动基础。在这些项目中,西欧成为中国技术引进的重要对象。(见表2-1)

表 2-1 "四三方案"引进的26个项目建设情况列表

项目名称	建设地址	引进国别	开始建设时间	建成投产时间	累计投资/万元
北大港电厂	天津	意大利	1974年12月	1979年10月	45 873
唐山陡河发电厂	唐山	日本	1973年12月	1978年3月	58 672
元宝山发电厂	赤峰	法国、瑞士	1974年9月	1978年12月	37 194
南京钢铁公司氯化球团工程	南京	日本	1978年1月	1980年12月	13 611
武汉钢铁公司1.7米轧机工程	武汉	日本、西德	1972年3月	1980年3月	276 800
燕山石油化工总厂	北京	日本、西德	1969年3月	1976年12月	261 417
北京化工二厂	北京	西德	1974年10月	1977年12月	12 473
沧州化肥厂	沧州	美国、荷兰	1973年7月	1977年4月	24 312
辽河化肥厂	盘锦	美国、荷兰	1973年6月	1977年12月	34 342
吉林化学工业公司	吉林	西德、日本	1976年12月	1983年12月	68 807
黑龙江石油化工总厂	大庆	美国、荷兰	1974年5月	1977年6月	267 447
南京栖霞山化肥厂	南京	法国	1974年9月	1981年2月	32 128
安庆石油化工厂	安庆	法国	1974年3月	1982年6月	40 526
胜利石油化工总厂	淄博	日本	1974年4月	1976年7月	26 303

续表

项目名称	建设地址	引进国别	开始建设时间	建成投产时间	累计投资/万元
宜昌化肥厂	宜昌	美国、荷兰	1974年10月	1979年8月	29 875
洞庭化肥厂	岳阳	美国、荷兰	1974年4月	1979年11月	31 329
广州石油化工总厂	广州	法国	1974年12月	1982年10月	50 739
四川化工厂	成都	日本	1974年5月	1976年12月	16 012
泸州天然气化工厂	泸州	美国、荷兰	1974年4月	1977年3月	20 642
赤水天然气化工厂	遵义	美国、荷兰	1976年1月	1978年12月	17 185
云南天然气化工厂	昭通	美国、荷兰	1975年1月	1977年12月	18 759
南京烷基苯厂	南京	意大利	1976年10月	1981年12月	26 875
天津石油化纤厂	天津	日本、西德	1977年6月	1983年11月	135 819
辽阳石油化纤厂	辽阳	法国、意大利、西德	1973年9月	1981年12月	290 423
上海石油化工总厂	上海	日本、西德	1974年1月	1978年12月	209 175
长寿维尼纶厂	重庆	法国、日本	1972年2月	1981年12月	96 131

总的来看，自1975年中欧建交到20世纪90年代初，中欧关系发展除了在20世纪80年代末90年代初出现了一定波折之外，整体上是比较顺利的。中欧关系基本上围绕着合作展开，竞争成分则可忽略不计。双方的合作首先是出于战略和安全上的考虑，

经贸方面的合作相对有限，但仍对中国的发展起到了不可忽视的重要作用。

（二）20世纪90年代初到2018年：利益日益交融，关系整体融洽

1. 中欧建立并深化"全面战略伙伴关系"

20世纪90年代初，发生了三个标志性事件。一是1991年苏联解体，美苏冷战寿终正寝。中欧关系的基础由此发生了重大变化。二是1992年邓小平发表南方谈话，中国明确走上社会主义市场经济道路。中国着眼于自身发展需要，不断深化与欧洲的经贸合作。三是1993年11月1日欧盟正式成立。欧共体从经济实体向经济政治实体过渡，同时发展共同外交及安全政策。在此基础上，中欧关系拉开了全新的篇章。

随着冷战的结束，国际格局由"两强争霸"走向"一超多强"的全新局面。欧洲将中国视为未来多极化世界的重要一员，对华奉行"建设性接触"政策，对推动中国朝着西方民主法治转型抱有高度期许。同时，中国作为一个大国，诸多国际事务的解决都离不开中国的参与。因此，欧盟一直重视与中国发展超越经贸关系并具有国际政治与安全维度的双边关系，提出希望加强与中国在地区和国际重大问题上的合作，以应对全球性挑战。

1994年欧盟提出了"走向亚洲新战略"，主张加强欧盟在亚洲的经济存在，促进亚洲稳定、经济发展和法治，借此维护欧盟在世界经济中的领导地位。1995年，欧盟首次发表对华政策文件《中国—欧盟关系长期政策》，认为"中欧关系必将是欧洲在亚洲和全

球范围内对外关系的基石",主张全面加强与中国在政治、经济等各个领域的关系。1996年,欧盟制定了《欧盟对华新战略》,强调对华政策的全面性、长期性和独立性,表示要进一步促进双方在经贸、科技、发展援助等领域内的交流与合作。

1998年,中欧建立"建设性伙伴关系",欧盟出台《与中国建立全面伙伴关系》政策文件,决定把对华关系提升到与欧美、欧俄、欧日关系同等重要的水平,不再向联合国人权委员会提交或联名签署美国针对中国的人权议案,支持中国加入世贸组织。

2001年,中欧建立"全面伙伴关系",欧盟发表《欧盟对华战略——1998年文件实施情况及进一步加强欧盟政策的措施》(2001年),强调"中国这样一个地域辽阔的国家既是一切国际性和区域性重大问题的症结所在,也是解决问题的关键所在""必须在一切国际性问题上坚持不懈、始终如一地同中国接触""所谓接触,就是要建立全面的联系,以便在一切共同关心的问题上达成共识,协助世界各国共同解决国际性和区域性问题"。

2003年,中欧建立"全面战略伙伴关系"。这一年,中国发表首份《中国对欧盟政策文件》,称"欧盟是世界上一支重要力量","一体化进程已不可逆转,未来欧盟将在地区和国际事务中发挥越来越重要的作用",指出"中国致力于构筑长期稳定的全面伙伴关系";欧盟发表《走向成熟的伙伴关系——欧中关系之共同利益和挑战》,指出欧盟和中国的关系已步入新型成熟期,发展稳定、持久、互利、平等的伙伴关系是双方的重要目标,并据此决定同中国发展"全面战略伙伴关系"。但该文件同时指出,"欧洲在推动中国向充分尊重民主、市场经济原则和法治以及稳定、繁荣、开放性社会的顺利转变中,有着重大的政治和经济利益"。同年,时任欧盟共同外交与安全政策高级代表索拉纳把中国列为欧盟安全战略的重要伙伴。

2014年,习近平主席访问欧盟总部,强调要从战略高度看待中欧关系,将中欧两大力量、两大市场、两大文明结合起来,共同打造"和平、增长、改革、文明"四大伙伴关系,建设更具全球影响力的"中欧全面战略伙伴关系"。同年,中国政府发表《深化互利共赢的中欧全面战略伙伴关系——中国对欧盟政策文件》(即第二份《中国对欧盟政策文件》),昭示新时期对欧盟政策目标,规划今后五到十年合作蓝图,提出"欧盟是中国走和平发展道路,推动世界多极化的重要战略伙伴,是中国实现'新四化'和'两个一百年'奋斗目标的重要合作对象。加强与发展中欧关系是中国推动建立长期稳定健康发展的新型大国关系的重要组成部分,是中国外交政策的优先方向之一。"

从中国角度而言,中欧之间不存在根本利害冲突,互不构成威胁,中欧之间的共同点远远超过分歧。中欧都主张国际关系民主化,主张加强联合国作用,反对国际恐怖主义,主张消除贫困,保护环境,实现可持续发展。中欧都有悠久历史和灿烂文明,都主张加强文化交流,相互借鉴。中欧各具经济优势,互补性强:欧盟经济发达,技术先进,资金雄厚;中国经济持续增长,市场广大,劳动力资源丰富;双方经贸和技术合作前景广阔。中欧在政治、经济、文化方面的共识与互动构成中欧关系不断发展的坚实基础。

这一阶段末期,中欧关系出现了微妙变化。2016年,欧盟出台名为《欧盟对华新战略要素》的第七份对华政策文件。文件明确欧盟是中国改革的"伙伴",强调当务之急是与中国签订全面投资协定,提出加强双方在研究、创新、数字经济、人文交流、外交政策、安全防务、全球治理等方面的合作。可见,合作仍是这一阶段中欧关系的主流。但文件也强调发展对华关系在政治和经济意义上都必须互惠互利,希望中国承担起与从基于规则的国际秩序中所获收益相一致的责任。此外,文件还强调,"欧盟在制定关于中国的政策时应考虑适用于亚太地区的更广泛全面的政策背景,充分利用和重视与欧盟享有密切关系的伙伴国家,比如日本、韩国、东盟国家、澳大利亚和其他。此外考虑到大西洋两岸关系的根本重要性,欧盟与美国在这方面的合作和协调应得到加强。"

2. 中欧贸易投资和金融合作不断深化

这一阶段,尤其是从20世纪90年代初到2016年前后,除了2008年国际金融危机的冲击之外,是经济全球化高歌猛进的时期。伴随着中国改革开放的持续深入和欧洲一体化的不断推进,中欧双方充分发挥自身的比较优势,贸易投资金额持续增长。根据中方统计,1994年,中欧双边贸易额为340亿美元。2002年增加到867.6亿美元。2003年,中欧贸易额为1 252.2亿美元,首次突破千亿美元。2005年,双边贸易额突破2 000亿美元大关,达到2 173亿美元。2007年和2008年,相继突破3 000亿美元和4 000亿美元关口。受2008年国际金融危机影响,中欧贸易在2009年有所放缓,主要是欧盟从中国的进口下降。从2010年开始,中欧贸易再次步入上升轨道。2011年,中欧贸易额突破5 000亿美元大关，达到 5 672 亿美元，欧盟首次成为我国第一大进口来源地。2018 年，中欧双边货物贸易额达 6 822 亿美元。

欧盟的统计显示，2002 年，对中国的出口占欧盟（27 国）对外出口（不考虑欧盟内部贸易）的 3.3%，2018 年这一比重上升到 9.1%；2002 年，从中国的进口占欧盟（27 国）进口总额（不考虑欧盟内部贸易）的 7.8%，2016 年上升到 18.7%（见图 2-1）。

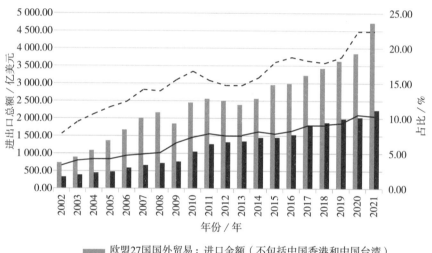

图 2-1　2002—2021 年中欧贸易情况

数据来源：Wind 资讯

投资方面，1987 年欧盟对华实际投资仅有 0.5 亿美元。1993 年开始，欧盟对华实际投资进入快速扩张的阶段。到 1997 年，年度对华投资上升到 41.7 亿美元。1997 年到 2004 年，欧盟年度对华投资保持在 40 亿美元左右。2005 年到 2012 年，欧盟对华年度实际投资基本稳定在 50 亿美元以上。2013 年开始，投资额再上新台阶，突破60亿美元。到2018年，年度投资额突破100亿美元，达到104.2亿美元，占中国年度吸引外资总额的7.5%（见图2-2）。

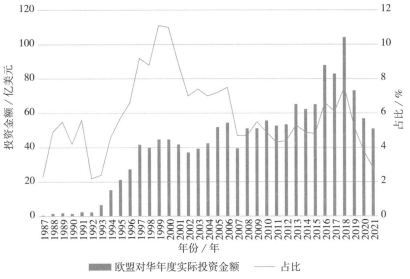

图2-2　1987—2021年欧盟对华实际投资情况

数据来源：商务部《中国外资统计公报2022》

这一阶段，相继发生了2008年的国际金融危机和2010年的欧洲主权债务危机（简称"欧债危机"）。欧债危机爆发后，中国以实际行动坚定支持欧盟维护欧洲一体化进程、维持欧元稳定的政策措施。2014年5月，时任德国总理默克尔公开表示，中国在欧债危机中对欧洲给予了大力支持，因为中国相信欧元将长期存在。2014年11月，欧洲央行决定在外汇储备中增加人民币，人民币国际化出现重大进展。2015年，英、法、德等17个欧洲国家相继加入亚洲基础设施投资银行，欧洲国家支持将人民币纳入国际货币基金组织（IMF）特别提款权（SDR）货币篮子。2015年12月，欧洲复兴开发银行接纳中国为会员国。中欧在金融领域进行了良好的互动，成为这一时期中欧关系的生动体现。

需要注意的是，这一时期，尤其是从2016年开始，中欧经贸合作中的不和谐因素开始不断增加。欧洲对于国家经济安全的重视程度不断提升，对于中国的投资日益担心和怀疑。荣鼎集团的数据[①]显示，受包括欧盟加强对中国投资审查在内的多重因素影响，中国对欧投资在2016年达到巅峰后便连年大幅下跌。2020年，中国对欧投资创2013年来最低（见图2-3）。国有企业长期以来是中国企业走出去的主力，成为欧盟投资审查的重中之重。2017年国有企业占对欧投资额的68%。随着国有企业持续削减在欧洲的投资，2021年国企对欧投资占比下降到12%，为20年来的最低水平（见图2-4）。

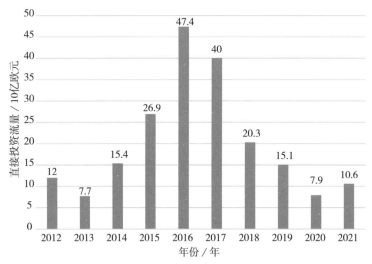

图2-3　2012—2021年中国对欧洲直接投资流量

数据来源：荣鼎集团（Rhodium Group）

---

① 由于统计方法和口径的差异，荣鼎集团关于中国对欧洲投资的数据与中国商务部的数据并不一致。

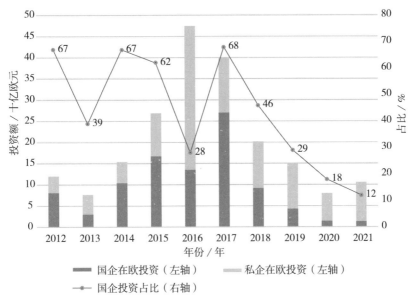

图 2-4　2012—2021 年中国国有企业在欧盟投资情况

数据来源：荣鼎集团（Rhodium Group）

3. 中欧全球治理合作取得突出成就

"冷战"结束后，国际形势发生重大变化，世界各国合作应对全球性挑战的可能性日渐增大。1992 年，28 位国际知名人士发起成立了"全球治理委员会"。该委员会于 1995 年发表了名为《天涯成比邻》的研究报告，该研究报告较为系统地阐述了全球治理的概念和价值。自此，全球治理的理念在全球日渐深入。

欧盟是全球治理领域的先行者。随着中国改革开放的持续和与国际社会沟通融合的程度不断加深，中国在全球治理舞台上日渐活跃，中欧在全球治理领域的合作交集不断扩大。

在贸易和金融领域，中欧合作使得全球治理体系往更公正的方向发展。金融危机爆发后，中欧共同推动国际金融机构改革，提升发展中国家在国际货币基金组织和世界银行的代表权。中欧还共同设立了世界贸易组织改革工作组，联手推动世界贸易组织的改革工作。

在气候变化与可持续发展领域，中欧合作为《巴黎协定》的达成和维护发挥了重要作用。2015年11月，习近平主席在巴黎大会召开前夕与时任法国总统奥朗德发表中法元首气候变化联合声明。此声明与2014年11月和2015年9月的两次中美元首气候变化联合声明一道，基本上框定了《巴黎协定》的核心内容。中欧双方的谈判团队在巴黎大会前和大会期间开展了密集对话，保持了密切的沟通和互动，充分求同存异，寻求各方都能接受的"搭桥方案"。时任联合国气候变化巴黎大会主席的法国外长法比尤斯表示，如果没有中国的积极支持，《巴黎协定》就不可能达成，中国为达成《巴黎协定》发挥了关键作用。美国退出《巴黎协定》后，中欧携手展现领导力，坚决维护《巴黎协定》的权威和有效性。

在维护国际和平方面，中欧合作促成了2015年伊核问题全面协议的达成，避免中东地区在伊拉克战争之后再次陷入伊朗战争的危险境地。2005年8月，伊朗核问题正式浮出水面，成为国际社会瞩目的焦点。美国和以色列一再威胁对伊朗动武，中东地区始终被战争的阴云笼罩，全球能源市场和金融市场高度紧张。2015年7月，在中欧双方的共同努力和积极协调下，伊朗与美国、英国、法国、俄罗斯、中国和德国达成伊核问题全面协议。该协议是多边主义的重要成果，对维护国际核不扩散体系、维护中东和平稳定发挥着重要作用，符合国际社会共同利益。

这一阶段，欧盟频繁出台对华战略，中国也予以积极回应，中欧关系的定位不断提高。中欧关系中积极和正面因素占据主导地位，不和谐因素相对较少。这一阶段又可大致分为两个时期：前一个时期大致从1994年到2015年，被一些学者认为是中欧关系的"蜜月期"。中欧关系中合作的成分占据主流，使中欧关系经受住了诸多风险和危机的考验，主要集中在中国的"市场经济地位"、对华军售和内政议题等方面。后一个时期从2016年到2018年，中欧关系中不和谐因素日渐浮出水面，竞争成分不断增加，但中欧合作尤其是经贸合作仍在持续深化，双边关系总体仍相对平稳。

（三）2019年至今：逆风不断增大，同时利益交融继续深化

1. 欧盟调整对华战略，日益将中国视为制度性对手

2019年3月，欧盟委员会发布《欧盟—中国：战略展望》，称中国同时处于不同的政策领域，既是欧盟的合作伙伴和谈判伙伴，也是追求技术领导地位的经济竞争者，是推动替代性治理模式的制度性对手。这一定位虽然保留了"伙伴"的提法，提出加强在经贸、国际安全和全球治理等领域的合作，但对竞争的描述明显升级，凸显出中国对于技术领导地位的追求，与2016年政策文件中提出的在研究和创新领域"有强烈兴趣与中国合作"并认定欧盟将从合作中获益的说法相比，出现了明显的倒退。更重要的是，在"伙伴"和"竞争"之外，新增了"制度性对手"的提法。欧盟对华战略的转变，最大的牺牲品就是双方历时七年谈判达成的

《中欧全面投资协定》(CAI)。2021年上半年,《中欧全面投资协定》批准进程被欧方无端搁置。

从2021年下半年开始,越来越多的信号显示,欧盟正在制定新的对华战略。2021年7月底,欧盟外交和安全政策高级代表博雷利表示,"欧盟与华盛顿的关系永远会比与北京的关系更接近,我们将永远接近一个政治制度与我们相同的国家。"在一份提交给欧洲理事会的信件中,博雷利称,"现实情况是,欧中之间存在根本分歧,无论是在经济制度与应对全球化上,民主与人权上,还是在与第三国打交道上,这些分歧将在可预见的未来继续存在,且绝不能被轻描淡写。"2021年9月15日,欧洲议会表决通过《新欧中战略报告》,称中国是欧盟的合作和谈判伙伴,但正日益成为欧盟的经济竞争者和制度性对手,呼吁欧盟制定更加自信、全面、一致的对华战略,塑造符合自身价值观的对华关系。2021年年底,博雷利公开将中国称为"一个挑战,一个战略和意识形态的挑战"。可以预计,在当前的欧盟委员会下,欧盟未来出台的新的对华战略将比"三分法"的提法进一步倒退,更为强调竞争者和对手的定位,更为明确地提出减少对华经济依赖,更加突出价值观和意识形态差异,更加注重与美国等盟友的战略协同。

作为欧盟最大的经济体,德国的对华政策在很大程度上左右着欧盟的对华政策。前总理默克尔领导下的德国,总体上坚持对华友好,避免了欧盟对华政策展现过于咄咄逼人的状态和滑向不可控的边缘。然而,社民党、绿党和自民党三党联合执政的德国新政府2021年年底上台后,德国的对华政策正在酝酿进行重大调整。2022年6月,德国经济研究所(IW)发布报告指出,2022上半年德国经济对中国的依赖一直在以惊人的速度朝着错误的方向发展，呼吁德国企业减少对中国的依赖，敦促德国减少与中国开展生意往来的激励措施，转而与其他新兴市场（尤其是亚洲市场）开展更多贸易。6月20日，德国联邦安全政策学院（BAKS）发布新的战略文件，明确向德国政府提出摆脱对中国原材料供应链的建议。7月3日，德国总统施泰因迈尔强调，德国不能过度依赖中国。7月20日，德国外长贝尔伯克表示，中国是一个系统的竞争对手，新对华战略即将出台，德国需减少对华依赖，把从俄罗斯身上吸取到的"教训"转移到对华战略上来。除了要保持合作，还要保持一个独立的欧洲主权战略，不要再次被中国束缚。在中企收购汉堡港码头一事上，德国新政府一度有6名部长明确反对，尽管最终在德国总理朔尔茨的坚持下批准了收购案，但最终仍设置了附加条件。与此同时，德国经济事务与气候行动部禁止一家中资企业的境外子公司收购德国汽车半导体企业的汽车芯片制造生产线相关资产，这充分反映出德国政界对华的复杂态度。德国对华战略的调整，无疑将极大影响欧盟的最新对华战略，为欧盟的对华战略确立基调和方向。

2. 中欧经贸合作站上新台阶，全球治理合作不断深化

中欧有着广泛的共同利益和深厚的合作基础，经济互补性强，深化中欧互利合作有利于中欧双方的共同利益。因此，即使在中欧关系面临逆风的情况下，中欧经贸关系仍在不断深化和拓展。2019年，中欧贸易额首次突破7 000亿美元。2020年，受新冠肺炎疫情影响，中欧贸易额降至6 495亿美元，但中国首次跃居欧盟第一大贸易伙伴。2021年，中欧之间贸易额突破8 000亿美元，

达 8 281 亿美元，同比增长 27.5%，中国连续两年成为欧盟最大贸易伙伴。

在全球治理方面，中欧双方携手维护多边主义，共同应对新冠肺炎疫情、促进世界经济复苏，合作推动格拉斯哥气候峰会取得成果、保护生物多样性和推动伊朗核问题等热点问题解决，双方的合作正在不断走向深化。

总体来看，这一阶段欧盟对华政策的调整叠加新冠肺炎疫情、乌克兰危机的冲击，中欧关系在政策层面上体现出的竞争成分日益突出，主要是欧方频频单方面出台限制中欧关系发展的政策。受此影响，欧盟对华投资出现较为明显的下降。但双方互惠互利的经贸合作整体上仍在继续深化，尤其是双边贸易数据仍保持增长态势。双方在全球治理方面的合作也在继续开展。

二、中欧利益关系的演变逻辑与内在动力

（一）国际格局和国际环境的发展变化

从欧盟对华战略演变的过程来看，国际格局和国际环境的发展变化是始终贯穿其中的一条主线，随着不同时代国际形势焦点的切换而不断调整。

中华人民共和国成立之初，东西方两大阵营对立是当时国际政治的主基调，欧洲分裂为苏联领导下的社会主义东欧和美国领导的资本主义西欧。西欧国家追随美国孤立围堵中国成为必然。随着美苏争霸愈演愈烈和中苏关系的破裂，以美国为首的西方国家看到分化瓦解东方阵营的重大机会，于是拉拢中国抗衡苏联成

为20世纪70—80年代欧洲对华战略的选择。

苏联解体和冷战结束之初，美欧失去了共同针对的主要目标，欧盟对华战略开始进行重大调整。此时欧盟和美国一样，奉行对华接触政策，其目的明确在欧盟2003年的对华政策文件中，"中国成功转型为一个完全尊重民主、市场经济和法治原则的社会，一个稳定、繁荣和开放型社会，这无疑符合欧盟的利益。"这一说法隐含的意图就是西式民主和价值观的一统天下。欧盟对此抱有很大期望，2006年到2016年长达十年没有出台新的对华战略，原因正在于此。这一时期，中欧关系的主线是经济合作。

随着中国实力的不断增强，中美欧大三角关系的重要性日益凸显。在中美欧大三角关系中，长期性、复杂性和非对称博弈等特点突出，中美博弈是主要矛盾，美国是主要推手。欧盟作为关键变量，其选择对于三边关系走向有至关重要的影响。

在以美国为首的西方国家看来，近年来中国的发展方向越来越远离其预期，因此加紧对华战略调整，2017年年底的美国国家安全报告明确将中国界定为"战略竞争对手"。这一调整无疑对欧盟产生了影响。欧盟在2019年的对华政策文件中炒作中国的军事威胁，声称"中国不断增强的军事能力，与其在2050年拥有技术上最先进的军队的全面愿景和雄心，是欧盟短期至中期值得考虑的安全问题"。但在特朗普政府时期，受美欧关系陷入低谷的冲击，欧盟并未追随美国对中国采取极限施压的做法，在对华关系上尚比较理性和克制。

拜登当选美国总统后，宣布加强同盟友和"志同道合伙伴"的合作，重返"多边主义"。欧盟作为美国最重要的盟友，是美国最优先团结和拉拢的对象。为此,美国迅速解决与欧盟的各项贸易争端,美国领导人频频访欧,与欧盟协调对华政策。在此背景下,欧盟对华政策日益向美国靠拢,对华定位中竞争和对手的成分日益增加。由于美中关系恶化和美欧关系的缓和,欧盟调整对华战略,将人权和价值观考虑置于经济利益之上。2021年7月,欧盟外交与安全政策高级代表博雷利明确表示,与中国相比,欧盟将永远与和美国这样有着相同政治体制、市场经济、多党民主的国家关系更近。

(二)中欧经济的互补性和相互的市场优势

欧盟是当今世界一体化程度最高的区域政治、经济集团组织,是世界上经济最发达的地区之一,人口达4.477亿,2020年按美元现价计的人均GDP为34 173.5美元,为世界平均水平的3.13倍。欧盟是全球贸易的重要力量,2021年欧盟27国占全球商品出口的14.7%和进口的13.9%。[①]

中欧建交40余年来,双边经贸合作稳步发展,利益交融不断加深。对于中国而言,欧盟的重要性十分突出,主要表现在以下五个方面。

第一,欧盟是全球最大的单一市场,长期保持中国第一大贸易伙伴,目前仍是中国第二大贸易伙伴,且欧盟是中国贸易顺差的主要来源之一。

2004年5月1日,随着中东欧10国加入,欧盟超过日本和

---

① 数据来自欧盟统计局。

美国成为中国第一大贸易伙伴。直到2020年1月31日英国脱欧之前，欧盟曾连续16年成为中国第一大贸易伙伴和进口来源地。2020年和2021年，东盟反超欧盟成为中国第一大贸易伙伴，欧盟为中国第二大贸易伙伴，中国则连续两年成为欧盟第一大贸易伙伴。

1975年中欧建交之初，双边贸易额仅有24亿美元。中国海关的数据显示，中国与欧盟27国的商品贸易额从2000年的624亿美元（占中国外贸总额的13.15%）上升到2021年的8 281亿美元（占中国外贸总额的13.68%）。其中，中国对欧盟27国出口从2000年的346亿美元上升到2021年的5 182亿美元，进口从2000年的277亿美元上升到2021年的3 099亿美元，中国对欧贸易顺差从2000年的69亿美元上升到2021年的2 083亿美元。2021年，中国整体对外贸易顺差为6 764.3亿美元，对欧贸易顺差占30.8%，仅次于对美贸易顺差（3 965.8亿美元）。

欧盟统计局数据显示，中国与欧盟27国的商品贸易额从2002年的1 063亿欧元上升到2021年的6 963亿欧元。其中，中国对欧盟27国出口从2002年的736亿欧元上升到2021年的4 727亿欧元（见图2-5），进口从2002年的327亿欧元上升到2021年的2 236亿欧元（见图2-6），中国对欧贸易顺差从2002年的409亿欧元上升到2021年的2 492亿欧元。可见，过去20年里，中国自欧盟进口商品始终保持增长态势，而对欧出口仅在全球金融危机和欧债危机期间有所下降，中欧之间贸易上的相互依存态势明显。

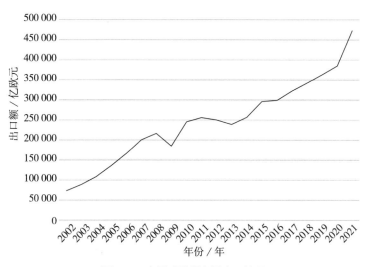

图 2-5　中国对欧盟商品出口情况

数据来源：欧盟统计局

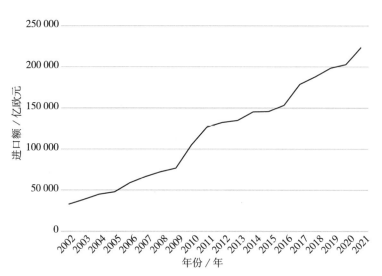

图 2-6　中国自欧盟商品进口情况

数据来源：欧盟统计局

第二,欧盟是全球最大的资本输出地(见图2-7),中欧双方互为重要投资伙伴。

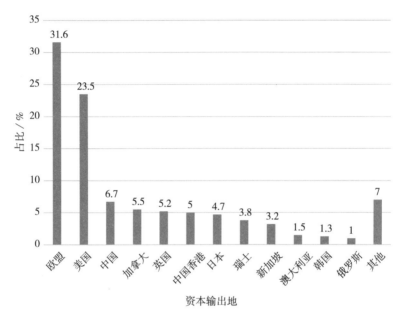

图 2-7　2020 年年末全球主要经济体对外直接投资存量占比

数据来源:商务部《2020 年度中国对外直接投资统计公报》

欧盟是中国第三大累计投资来源地,据中国商务部统计,截至 2021 年年底,欧盟 27 国对华实际投资 1 234 亿美元。同时,欧盟已成为中国企业对外投资重要目的地。2021 年年末,中国对外直接投资存量 27 851.5 亿美元。其中,在欧盟投资存量为 959 亿美元,按商务部的口径算,占在发达经济体投资存量的 33.5%(见表 2-2);在欧盟设立直接投资企业近 2 700 家,覆盖欧盟全部 27 个成员国,雇用外方员工近 27 万人。

表 2-2 2021 年年末中国在发达国家（地区）的直接投资存量情况

国家（地区）	存量/亿美元	比重/%
欧盟	959	33.5
美国	771.7	26.9
澳大利亚	344.3	12
英国	190.1	6.6
加拿大	137.9	4.8
百慕大群岛	92.6	3.2
瑞士	69.5	2.4
日本	48.8	1.7
以色列	34.5	1.2
新西兰	31.3	1.1
其他国家（地区）	15.6	0.6
合计	2 867.7	100.0

数据来源：商务部《2021 年度中国对外直接投资统计公报》

第三，欧盟具有仅次于美国的科技实力，一直是中国累计最大的引进技术和设备来源地。

欧洲是现代科学的发源地，拥有深厚的科学文化传统，欧洲的科学和技术水平曾长期处于世界领先地位。欧盟是我国技术进口的第二大来源地，也是我国知识产权使用费进口第二大来源地。自 1998 年我国和欧盟签署《中欧科技合作协定》以来，欧盟研发框架计划和我国的高技术研究计划、基础研究计划（即 863 计划和 973 计划）向彼此开放，此后《中欧科技合作协定》在 2004 年、2009 年和 2014 年先后三次续签。2015 年中欧双方共同设立中欧科研创新联合资助机制，2016—2020 年期间，中欧分别筹集 15 亿欧元和 5 亿欧元用于联合资助计划。

"十三五"以来，中国科技部共发布 5 份《国家重点研发计划政府间国际科技创新合作重点专项指南》，与欧方共同资助了66个中欧联合研发项目。截至2019年年底，中国自欧盟28国（含英国）技术引进合同金额累计达2 260.5亿美元。2019年当年，中国自欧盟技术引进合同金额达107.6亿美元。中国欧盟商会主席伍德克2019年表示，欧盟40%的技术是推向中国的。2010年至2018年，我国向欧盟支付知识产权使用费从18.4亿欧元增至77.1亿欧元，在我国每年知识产权使用费进口总额的占比从10.6%增至18.2%，累计372.3亿欧元。总体来看，中欧技术合作对中国技术水平的提高和经济社会发展发挥了积极作用。

第四，欧盟具有强大的议题设置能力与规则标准制定能力，中欧合作有助于中国与国际通行规则接轨，并提高中国的话语权。

当今世界，国际规则制定主导权的竞争日益激烈。欧盟在规则制定领域具有强大的全球引领能力，被称为"布鲁塞尔效应"。在反垄断、健康、环保、隐私保护等领域，欧盟的行业标准最终往往能够成为通行全球的规则。2022年2月，欧盟委员会发布新版"标准化战略"，旨在强化其在全球技术标准方面的竞争力。中欧在标准化领域合作，尤其是双方谈判达成的《中欧全面投资协定》（CAI），有助于中国与高标准的国际经贸规则接轨。

在市场开放、公平竞争和可持续发展条款方面，《中欧全面投资协定》接近甚至超过《全面与进步跨太平洋伙伴关系协定》（CPTPP）和《欧盟—日本经济伙伴关系协定》（EPA）的水平。就战略性而言，如果CAI正式签署并生效，将开启自中国加入WTO以来新一轮的国际规则接轨与高水平对外开放，为深化国有企业改革、完善国家补贴制度、提高劳工权益与环境保护、提升企业社会责任以及可持续发展带来新的契机。

第五,多边主义和全球治理领域的问题和挑战日益突出,中欧合作符合双方和全球共同利益。

在诸如应对气候变化、环境治理和生物多样性保护、推动绿色低碳发展、打击恐怖主义、完善全球多边贸易体制、网络安全和防止核扩散、加强金融体系稳定、伊朗核问题等地区和平问题等领域,中欧之间存在着广泛共识,都主张使用多边主义的方法与机制,通过对话而不是对抗来解决分歧。

回顾过往,中欧双方建立了70余个磋商和对话机制,涵盖政治、经贸、人文、科技、能源、环境等各领域。中欧合作不仅增进了双方人民的福祉,也对推动问题解决发挥了关键性作用。当前,全球面临新冠肺炎疫情、气候变化、通胀高企、经济放缓、乌克兰危机等多重复杂挑战,中欧只有继续加强合作才能有效应对空前的全球性挑战,只通过对话协商才能化解矛盾冲突。

(三)中欧综合实力的相对变化

国家间经济实力演变和此消彼长,历来是大国关系调整的深层次原因。欧盟对华战略演变,背后是中欧双方经济实力和综合国力对比的深刻变化。

从经济总量来看,1975年中欧建交时,欧盟(时为欧共体,包括9国)的GDP相当于中国的20倍;到中国加入WTO前夕的2000年,欧盟(15国)相当于中国的4倍;2020年,中国GDP首次超过欧盟(27国)(见图2-8)。

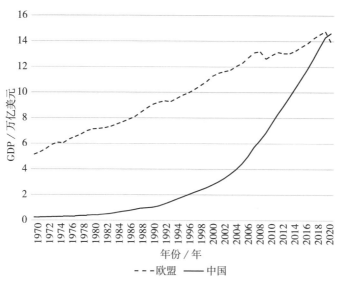

图 2-8　中国与欧盟 GDP 总量对比（按 2015 年美元不变价）

数据来源：世界银行

从制造业能力来看，1978 年中国制造业增加值占全球制造业的 1% 左右[①]，2010 年中国制造业增加值首次跃居世界首位。2021 年中国制造业增加值占全球的比重为 29.31%[②]，连续 12 年位居世界首位，与美德日三国之和大体相当。中国已成为世界上工业体系最为健全的国家，在 500 种主要工业品中，超过四成产品的产量位居世界第一。据德国机械设备制造业联合会的数据，2020 年中国出口了 1 650 亿欧元的机械设备，占全球的 15.8%，首次超越德国，居世界第一[③]。

[①] 数据来自网络，网址为 https://www.163.com/dy/article/GT2K0N9205118PFV.html（网站查询时间为 2022 年 10 月，下同。）

[②] 数据来自网络，网址为 http://www.china.com.cn/zhibo/content_78255782.htm

[③] 数据来自网络，网址为 https://m.thepaper.cn/baijiahao_18004565

从科技进步来看，改革开放之初中国高技术产品出口只占全球的0.6%[1]，到2011年已经达到25%，2019年仍维持在这一水平，略高于欧盟同期的24%[2]。

全球创新指数是世界知识产权组织、康奈尔大学、欧洲工商管理学院于2007年共同创立的年度排名，衡量全球120多个经济体在创新能力方面的表现。中国的排名从2010年的第43位上升到2021年的第12位。从主要经济体创新指数排名来看，中国从2019年开始连续超过日本，2021年紧逼法国（第11位）和德国（第10位）（见图2-9）。

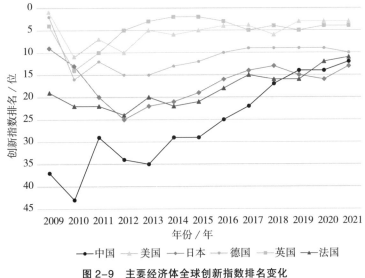

图2-9 主要经济体全球创新指数排名变化

数据来源：世界知识产权组织全球创新指数历年报告

近年来，中国专利申请量强劲增长，在全球专利申请总量中

---

① 数据来自网络，网址为 https://www.sohu.com/a/530914374_604420
② 数据来自世界银行。

的占比从 2005 年的 10.2% 增加到 2020 年的 45.7%。《专利合作条约》(PCT) 国际专利被视为高质量专利的代名词。1994 年 1 月 1 日，中国正式成为 PCT 成员国。1994 年当年，中国申报的 PCT 国际专利仅有 98 件，占全球的 0.3%，2021 年增至全球的 25%（见表 2-3）。

表 2-3 PCT 国际专利申请前十位的国家情况

1994 年	PCT 专利申请数量／件	全球占比／%	2021 年	PCT 专利申请数量／件	全球占比／%
美国	14 798	43.39	中国	69 540	25.06
德国	4 294	12.59	美国	59 570	21.47
英国	3 212	9.42	日本	50 260	18.11
日本	2 290	6.71	韩国	20 678	7.45
法国	1 631	4.78	德国	17 322	6.24
瑞典	1 250	3.67	法国	7 380	2.66
澳大利亚	803	2.35	英国	5 841	2.10
荷兰	780	2.29	瑞士	5 386	1.94
加拿大	748	2.19	瑞典	4 453	1.60
瑞士	640	1.88	荷兰	4 123	1.49

资料来源：世界知识产权组织统计数据库

PCT 国际专利申报所使用的语言，某种程度上也反映了特定国家或地区在 PCT 国际专利上的影响力。过去 15 年，使用中文的 PCT 国际专利申报数量迅速增加，从 2007 年占全球的 2.5% 增长到 2021 年占全球的 23.1%，而使用英文的占比从接近 66.6% 降至不足 44%（见图 2-10）。

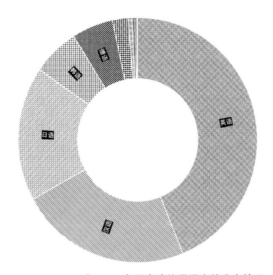

图 2-10 2021 年 PCT 专利申请使用语言的分布情况

数据来源：世界知识产权组织统计数据库

高水平论文发表方面，中国科学技术信息研究所经过调研分析，按第一作者第一单位统计分析结果显示，中国 2020 年发表高水平国际期刊论文[①]65 995 篇，占世界份额的 31.5%，排在世界第一位（见表 2-4）。

表 2-4　2020 年发表高水平国际期刊论文的国家论文数排名

国家	高水平国际期刊论文数／篇	占世界高水平国际期刊论文比例／%	位次
中国	65 995	31.53	1
美国	40 865	19.52	2
英国	9 526	4.55	3

---

① 将各学科影响因子和总被引次数同居本学科前 10%，且每年刊载的学术论文及述评文章数大于 50 篇的期刊，遴选为世界各学科代表性科技期刊，在其上发表的论文属于高水平国际期刊论文。2020 年共有 395 种国际科技期刊入选世界各学科代表性科技期刊，发表高水平国际期刊论文 209 301 篇。

续表

国家	高水平国际期刊论文数／篇	占世界高水平国际期刊论文比例／％	位次
德国	8 161	3.90	4
韩国	6 108	2.92	5
加拿大	5 404	2.59	6
澳大利亚	5 206	2.49	7
法国	5 192	2.48	8
西班牙	5 109	2.44	9
印度	4 962	2.37	10

资料来源：中国科学技术信息研究所 2021 年中国科技论文统计报告

2016 年发布的欧盟对华政策文件指出，"中国的崛起速度前所未有，规模空前"，欧盟需要制定一份"将欧盟自身利益置于最前端的战略"。2019 年发布的《欧盟—中国：战略展望》开篇就指出，"欧洲越来越认识到中国提供的机遇与挑战已经悄悄产生变化。在过去十年中，中国的经济实力与政治影响力以前所未有的规模与速度迅速增强，这反映出中国成为全球领先大国的雄心壮志。因此，中国再也不能被视为发展中国家。中国是全球重要的行动者和领先的技术力量。中国在世界以及在欧洲扮演着至关重要的角色，这要求中国应该承担起更大的责任，即坚持以规则为基础的国际秩序，坚持更多的互惠待遇，拒绝歧视并且保持开放的制度。"这一说法清楚地显示了欧盟对华战略调整的逻辑。

（四）欧洲内部各种力量之间的博弈

欧盟的外交政策需要成员国的一致同意，其对华政策受到欧盟内部各个国家的影响。欧盟作为一个超国家行为体，对华政策的制定也受欧盟委员会、欧洲议会等欧盟机构的影响。此外，政治人物、民众和各种不同政党也在影响和塑造欧盟的对华政策。

德、法作为欧盟对内对外的"双核"，其对华政策很大程度上决定着欧盟的对华政策。1993年德国科尔政府制定"亚洲战略"，使德国成为第一个制定全面亚洲战略的欧盟国家，该战略明确德国对华政策的三项原则：避免公开指责中国的人权问题；通过经济发展促进中国的政治变革；奉行"一个中国"的政策。德国之后，法国也制定了亚洲战略，再之后才有欧盟1994年推出的亚洲战略和1995年推出的对华战略。德国对华政策的三项原则后来演变成为欧盟对华政策的德国模式，影响了其后至少二十年的欧盟对华政策。

2007年默克尔政府上台之初，奉行积极对抗中国、强调中德之间价值对立的对华政策。在受到国内批评和国际金融危机冲击的背景下，默克尔转向温和务实的对华接触政策。而以2016年德国库卡公司被收购为转折点，德国对华政策再度出现微妙调整，在坚持推动与中国开展理性务实合作的同时，越来越对中国带来的竞争压力表示警惕，越来越强调意识形态和价值观的对立。2017年6月，时任德国驻华大使柯慕贤明确指出："过去中德经济结构是互补关系，德国提供高科技，中国偏向中低端，但现在中国在技术上紧随德国，两国正越来越多地展开直接竞争。"2019年1月，德国工业联合会发布了一份报告，强调中国正在成为一个技术领先的工业强国，认为中德双方存在"系统性竞争"或"制度性竞争"，敦促德国和欧盟在面对中国政府主导的经济活动时采取更有力、更一致的方式。这份报告在德国和欧洲具有广泛影响，直接影响到德国政府决策。在德国的主导下，欧盟的对华政策实现了重大调整。2019年3月欧盟对华战略对中国的定位与该报告的表述高度关联。该报告从酝酿到推出都得到德国政府的大力支持，德国官员称该报告提出了欧盟在对华关系上的一种"全面而勇敢的立场"，称只有将德国对华政策纳入所谓"雄心勃勃、自信和统一"的欧盟对华政策中才能取得成功。

与此同时，由于欧盟对外政策奉行"全体一致"原则，小国的立场也能牵制欧盟对华战略走向，作用不容忽视。立陶宛在美国支持下在涉台问题上踩线，不仅自身退出中国—中东欧国家合作机制，而且鼓动其他国家一起退出。欧盟表态"同立陶宛站在一起"，指责中国搞"胁迫外交"，就是小国绑架欧盟对华政策的典型表现。

过去十多年来，包括欧洲在内的西方国家政党政治极化情况愈发突出，传统的以中左翼和中右翼为代表的主流政党地位急剧下滑，中小政党尤其是民粹主义政党纷纷崛起。在新的时代背景和政治现实面前，主流政党和中小政党的政治主张都在发生变化，以争取选民支持。中国议题愈发成为欧洲国家大选和政治进程中各党派关注的焦点。

此外，欧洲议会对欧盟和对华政策的影响力越来越大。一方面，欧洲议会是欧盟内对华强硬、干涉中国内政、对华采取价值观外交的主要推手之一。2021年9月，欧洲议会发布《欧中新战略》，认为欧盟需要一个更"进取、全面和一致的"对华新战略，包括与志同道合的国家建立伙伴关系、提升开放性战略自主、将欧盟转型为更有效的地缘政治行为体等内容。另一方面，欧洲议会已成为部分欧盟对华政策难以落实的制度性阻碍。2020年年末，中欧双方通过艰苦努力，如期完成的《中欧全面投资协定》草案被欧洲议会冻结，这些都显示出欧洲议会加大力度主动塑造欧盟对华政策议程，试图绑架欧盟并在欧盟对华政策中扮演更重要的角色。

三、大变局下的中欧利益关系面临新考验

（一）不断增加的地缘政治因素损害双方战略互信

2019年9月，欧盟委员会主席冯德莱恩明确将新一届欧盟委员会定位为"地缘政治"委员会，寻求成为地缘政治博弈中一支"硬力量"，以维护欧盟的核心利益。2021年9月，欧盟发布《印太合作战略》政策文件。欧盟"印太战略"提出要"加强与志同道合的伙伴和相关组织在安全和国防领域的协同"，强化在"印太"的军事存在，在地区安全上扮演更加积极和有效的角色；提出"与那些秉持高质量、可持续互联互通原则，并基于国际准则和公平竞争环境的伙伴"开展基础设施合作；加强与志同道合的伙伴在研究、创新和数字化领域的合作。通篇提到中国的仅有加快签署《中欧全面投资协定》一处，尽管没有明确提及围堵遏制中国，但字里行间透露出的信息基本都是与中国以外的印太地区伙伴加强合作。

欧盟的"全球门户"计划与"一带一路"倡议竞争的意图明显。2021年9月，冯德莱恩在推出"全球门户"计划时明确表示，欧盟需要有自己的愿景，停止替中国做事，"对于欧洲来说，在中

国拥有的铜矿和中国拥有的港口之间修建一条完美的道路是没有意义的。在这类投资方面，我们必须变得更聪明。"欧盟已与印度、日本等"志同道合的国家和地区"建立"互联互通合作伙伴关系"，还计划与美国和东盟建立这样的关系，而中国却并不在此列。

（二）对供应链自主和安全的追求超出合理限度的风险日增

欧洲实现"战略自主"的想法最早可以追溯到戴高乐。数十年来，欧盟一直希望能在军事和安全方面实现战略自主，但进展甚微。2016年，欧盟发布的《欧盟外交与安全政策的全球战略》再次提出，为了促进和平、保障安全，需要在安全和防务领域提升硬权力，加强欧盟的战略自主性。但总体而言，直到2022年2月乌克兰危机爆发之前，欧盟在安全和防务领域加强战略自主的进展甚微。与之形成鲜明对比的是，近年来欧盟在强化经济战略自主上做了大量工作，主要体现在以下方面。

加强投资审查。在2016年，中国企业收购德国库卡机器人有限公司在欧洲造成了轩然大波，被欧洲称为"唤醒之举"，欧洲开始在经济层面加强对自身高科技行业的保护，在经贸方面有意识寻求降低对中国的依赖。在此之前，欧盟28国中仅有13个国家有正式的投资审查制度。以此为转折，欧盟各国和欧盟整体开始建立并收紧投资审查制度。2017年7月和2018年12月，德国两次收紧外国投资审查规定，根据最新规定，非欧盟资本收购涉及德国国防以及关键基础设施领域企业的股比只要达到10%，联邦政府就能介入进行审查。此前投资审查的股权门槛为25%。德国还与法国和意大利一起,推动在欧盟层面建立新的外商投资审查协调机制。2019年3月,《欧盟外国投资条例》正式生效,并于2020年10月实施。2020年新冠肺炎疫情的暴发又加剧了欧盟的担心,欧盟认为有必要调整和重组产业链,降低对华依赖。2020年10月,时任德国总理默克尔明确呼吁德国企业"不要太依赖中国",要"多走向东南亚"。2021年以来,欧盟及成员国出台或调整的外资审查制度涉及敏感行业范围更广、触发审查门槛更低、政府自由裁量权更大,提高了外资企业进入欧盟市场的前置成本与合规成本。截至2022年9月,欧盟27个成员国中仅有2个尚未公开宣布建立外资投资审查机制,建立或计划建立外资投资审查机制的成员国相比一年前又多了3个。

加强外国补贴审查。欧盟不断通过立法方式抬高门槛、设置障碍,达到将中国排除在欧洲市场外的目的。2021年5月5日,欧委会发布了《针对扭曲内部市场的非欧盟成员国补贴的条例草案》(以下简称《条例草案》)。《条例草案》过度解读企业与政府的关系,忽视国有企业的市场属性,将企业通过市场化行为获取的支持错误地定位为不合理补贴,构成对国有企业的歧视,违反了WTO非歧视原则。

在公共采购方面收紧要求。2022年3月14日,欧盟委员会、欧洲议会和欧盟理事会就《国际采购工具》(IPI)达成政治协议。IPI将授权欧盟委员会根据贸易壁垒程度确定是否以及在何种程度上对第三国公司采取IPI措施。不开放本国公共采购市场的第三国投标方参加欧盟公共合同招标将会受到更多限制,甚至有可能被排除在欧盟公共采购市场之外。根据欧盟公布的数据,2021年,欧盟成员国授予中国企业公共采购合同15份，同比减少73.68%，在欧中资企业已经越来越难以参与到欧盟公共采购项目当中。

在供应链方面收紧要求。2022年2月23日，欧盟委员会正式提出《关于企业可持续尽职调查指令的立法提案》，规定企业在价值链中须承担可持续和负责任义务，要求企业"识别并在必要时预防、停止或减轻其活动对人权的不利影响，如童工和对工人的剥削，以及对环境的影响，如污染和生物多样性的丧失"。适用范围包括但不限于在全球拥有500名以上雇员，全球净营业额超过1.5亿欧元的欧盟企业，以及在欧盟产生了超过1.5亿欧元净营业额的非欧盟企业等。成员国须指派专门行政机构负责监督新规执行情况，并对执行不力责任方处以相应罚款。草案将提交至欧洲议会及理事会审议，待批准后，成员国须在两年内将其转化为本国立法。

加强对外制裁能力。2021年12月8日，欧盟委员会公布《保护联盟及其成员国免受第三国经济胁迫条例》草案。欧盟委员会将"经济胁迫"定义为"通过采取或威胁采取影响贸易和投资的措施，对欧盟整体或单个成员国施压，使其做出特定的政策选择"，分为"显性胁迫"和"非显性胁迫"。欧盟委员会将美国曾因反对法国颁布的数字服务税法案而决定对24亿美元的法国进口商品征收最高100%的关税归于"显性胁迫"，将2012年中国基于合理检疫要求停止进口菲律宾香蕉的行为视为"非显性胁迫"案例，甚至认为中国消费者抵制日本产品的个人行为也属于一种"非显性"的"国家胁迫"。条例以反胁迫的制裁工具为核心，但确定了先协调后制裁的"两步走"原则。欧盟可使用的制裁工具主要包括关税措施、货物进出口限制、公共采购投标限制、外国直接投资限制、贸易相关的知识产权使用限制、金融服务限制等12种。

这些法案一旦通过，将构成一张多维的制度之网，不仅限制中国企业在欧盟境内开展经济活动，也对欧盟企业与中国开展经济往来进行广泛限制。

（三）欧盟对华政策"统一化"和"美国化"趋势不断向纵深发展

欧盟成立的初衷便是联合以自强，寻求在国际舞台上发出欧洲统一的声音。在对华政策上，欧盟认为中国与中东欧国家合作破坏了欧盟的统一，抵制和反对的声音日益增加。欧盟强调，要以"全欧盟"的方式，建立统一的对华政策，加强欧盟内部（包括欧盟不同机构之间、成员国之间以及欧盟机构与成员国之间）在对华政策上的团结与合作。2016年欧盟的对华政策文件明确指出，欧盟必须在对华接触方式上寻求更为有力、清晰和一致的声音，无论是单个欧盟成员国还是"17+1合作"机制下（立陶宛、爱沙尼亚、拉脱维亚"波罗的海三国"已退出）的成员国团体，在对华合作时都必须与欧盟的法律、法规和政策保持一致。

一方面，欧盟对成员国层面的对华政策施加更大的压力，迫使成员国在某些对华政策议题上与欧盟保持一致。2022年6月9日，欧洲议会通过一项决议，要求欧洲理事会启动修改欧盟条约的程序，其中包括将目前欧盟议事规则中各成员国一致同意才可做出决定改为少数服从多数。

另一方面，个别欧盟成员国与中国的双边关系冲突也传导和扩大至欧盟层面，对中欧关系造成冲击。个别国家正在充当以美国为首的西方国家反华的"马前卒"，试图"绑架"欧盟对华政策议程，对欧盟对华政策构成新的挑战。

随着中国实力的不断增强，欧盟愈发认识到应在对华政策制定上与其他国家加强协调。2006年的对华政策文件通篇未提及与其他国家的对华政策协调。2016年的欧盟对华政策文件明确强调，"欧盟在制定关于中国的政策时应考虑适用于亚太地区的更广泛全面的政策背景，充分利用和重视与欧盟享有密切关系的伙伴国家，比如日本、韩国、东盟国家、澳大利亚和其他。此外考虑到大西洋两岸关系的根本重要性，欧盟与美国在这方面的合作和协调应得到加强。"2017年至2020年，欧盟与美日连续举行7次三方贸易部长会晤，聚焦于非市场导向政策带来的不公平竞争问题，矛头直指中国，试图联手确立新贸易规则以"规范"中国的贸易行为。

但在特朗普政府期间，美欧关系不睦，双方对华政策协调的广度和深度相对有限。打着重视盟友旗号的拜登当选美国总统后，跨大西洋关系出现重大转机，欧盟迫不及待地与美国开展对华政策协调。一方面，欧美发达国家加大调门指责中国不遵守所谓"以规则为基础的国际秩序"。另一方面，在新兴和关键技术领域与贸易领域加紧协调，谋求制定新的有利于西方的规则和标准体系，以制度的力量"规锁"中国的发展。2020年12月，欧盟未等拜登正式就任，就主动发布《全球变局下的欧美新议程》提案，寻求和美国开展政策协调和合作，中国作为其中的核心议题，基本贯穿提案全文。该文件提出,"欧盟和美国应当作为技术同盟联合起来,在技术、技术的使用及其监管环境方面发挥主导作用;应当利用我们的共同影响力,使跨大西洋技术同盟成为志同道合的民主国家更广泛联盟的支柱""除技术外,欧盟和美国还应重申其对加强开放和公平贸易的承诺,通过制定高标准来改善竞争环境"。

在欧盟提议下,2021 年,欧盟与美国正式启动"欧美中国问题对话机制",作为双方协调对华政策的机制化平台。在"欧美中国问题对话机制"引领下,欧盟与美国正在围绕贸易、技术、安全与全球治理等议题,协调对华共识,并采取更加一致的行动。

欧盟和美国成立新的"欧盟—美国贸易和技术理事会"(TTC),下设 10 个技术合作工作组,意图以"共同的民主价值观"为基础,在出口控制、外资审查、供应链安全、技术标准和全球贸易挑战五个领域加强美欧协调与合作。2021 年 9 月的"欧盟—美国贸易和技术理事会"第一次会议,决定在投资筛查、出口管制、人工智能、半导体和全球贸易等方面联手"对抗"第三方国家。2022 年 5 月的第二次会议,美欧双方公布了在出口管制、技术标准、气候和清洁技术等方面的合作进展和未来工作方向。此次会议宣布建立欧盟—美国战略标准化信息机制,支持两用技术和出口管制方面的信息交流,包括根据多边出口管制制度的决定更新受管制货物清单。在 2022 年年底前,美欧共同制定人工智能风险管理工具的路线图;推出缓解关键部门供应链压力的新举措;建立交流出口限制相关信息的机制;统一投资筛选的方法和报告;进一步努力协调对非市场政策和做法的贸易反应。从中可以看出,在安防监控、人工智能、网络安全、出口管制、投资审查、贸易规则等领域，欧美国家正在针对中国加紧协调，收紧规则之"网"。

（四）经贸问题政治化导致经贸在双边关系中杠杆作用弱化

与中美关系一样，经贸领域一直被视为中欧关系的"压舱石"和"推进器"，对于稳定和促进中欧关系发挥了十分重要的作用。德国前总理默克尔上台之初，谋求推动价值观外交，中德关系陷入严重困难。但在中德两国工商界的努力下，默克尔转而奉行务实的对华政策，使中德关系成为此后十余年间中欧关系的稳定器。

经贸合作作为中国对欧战略的杠杆和抓手，能起作用的前提是欧洲能从经贸合作中获得好处，更重要的是欧洲确实将经贸合作的收益作为考虑问题的出发点和落脚点。一直以来，中欧经贸关系具有高度互补性，中欧双方都从中获益良多。欧洲政策研究中心2020年11月的报告显示，自2001年12月中国加入世界贸易组织以来，欧盟对中国的商品出口额每年平均增长超过10%，服务出口额每年增长超过15%，为欧盟生产者和消费者带来了丰厚的收益。中欧双方共19亿消费者。欧洲的技术和产品，支持和促进了中国经济的发展；中国则为欧洲企业提供了巨大的市场，促进了欧洲经济的发展。2021年，中国每天大约有13亿欧元的商品进入欧盟市场，欧盟每天大约有7亿欧元的商品进入中国市场。正如中国欧盟商会主席伍德克所言，欧洲人喜欢中国产品，而中国也需要欧洲客户。

欧盟从中欧经贸中获得的利益主要包括：更多地对华出口，

增加了相关部门的产出和就业；大量进口中国质优价廉产品，提高了欧盟民众的福祉，维持了宽松货币政策下的低通货膨胀率；大量服务贸易顺差为欧盟旅游业、酒店餐饮业和奢侈品产业的发展提供了有力支持；对华投资和技术出口为欧盟跨国公司带来了巨额利润；金融危机之后批准中国企业对陷入困境的欧盟企业进行并购，避免了部分欧盟企业的倒闭和员工失业；鼓励中国大量持有欧元储备和欧洲债券，提高了欧元的国际储备货币地位。

然而，随着欧盟对华政策变化，对经济利益的考虑和追求日益让位于安全考虑和价值观标准。

在投资方面，欧盟妖魔化中国投资，将《中欧全面投资协定》与政治议题挂钩。2017年开始，欧盟开始对中国投资不断加大审查力度。在5G网络建设上，多数欧洲国家在美国的压力和影响下，视华为和中兴为不可靠的供应商。中国贸促会与普华永道中国发布的《中欧全面投资协定实施展望研究报告》指出，58%的在华欧盟企业和46%的受访中国企业认为《中欧全面投资协定》签署生效将为双边投资带来积极影响，74%的受访中国企业和67%的在华欧盟企业认为《中欧全面投资协定》生效将有利于本国制造业、医药和新能源行业的发展。然而，对于《中欧全面投资协定》这样一份有利于双方的协定，欧方硬是将其与中国新疆议题、中国与立陶宛的关系等无事生非的政治问题挂钩，从而将其束之高阁。

在贸易方面，中国已成为欧盟贸易救济措施的最主要对象。欧盟2017年12月调整贸易救济规则，尤其是计算反倾销税的方法，针对中国的意味明显。2021年8月30日，欧盟委员会发布的文件显示，在欧盟正在实施的147项反倾销和反补贴措施中，针对中国的就有99项。当前，欧洲舆论在两个问题上正展开热烈讨论：一是要不要主动减少对中国市场的经贸依赖（即"对华经贸脱钩"），以避免将来可能面临的被动；二是对中国的一些政策和行为，如果欧洲不接受，是否要采取贸易制裁手段。对于这两个问题的答案，不少有影响力的媒体、机构和人物给出了肯定的回复，认为中欧经济高依存度对欧洲不是红利，而是"风险"，有的甚至宣称"必须为对华冲突做好准备"。

在供应链方面，欧盟正在朝着"去中国化"的方向前进。新冠肺炎疫情暴发以来，欧洲痛感自身防疫物资的短缺，决心推动欧洲产业链的多样化和本土化。加强自身供应链安全本无可厚非，但欧盟出于政治因素将中国视为不可靠的供应链来源，在强化自身供应链的同时积极寻求摆脱对中国供应链的依赖。时任法国财政部长勒梅尔表示："全球经济将以新冠肺炎疫情前后作为分界点，我们必须降低对一些大国尤其是中国的依赖，在一些产品的供应问题上，如汽车、航空产品以及医药产品等，需要强化战略价值链的欧洲主权。"疫情发生后，欧盟委员会立即发布保护战略行业的指导纲要，警示成员国保护战略资产。2021年10月，欧盟公布了一项总额达17亿欧元的稀土产业投资计划，呼吁欧盟各成员国政府和制造商通过补贴及销售配额等方式支持稀土开采和加工，从而减少欧盟对中国稀土出口的依赖。

上述信号意味着，经贸合作在中欧关系中的杠杆作用被大大弱化，以经济利益和市场空间维持中欧关系黏性的难度日益增加。中国的对欧工作亟待寻找新的突破口，注入新的动力。

面对欧盟整体对外战略，尤其是对华战略的深刻调整，以及《中欧全面投资协定》被搁置后中欧关系面临的复杂情况，中国迫切需要更新对欧战略，重新思考对欧盟和中欧关系的定位，系统审视中国自身在中欧关系中的角色和行为方式，以更宽阔的全球视野、更长期的战略眼光和更缜密的行动逻辑处理中欧分歧，重塑对欧关系。

第三章①

利益共存者：重塑中欧利益关系的新定位

回望中欧利益关系的历史演变进程，其主线之一即为双方在竞争与合作中适时调整双边利益关系定位，不断满足中欧关系发展需要，并通过不断扩大利益交集，有效弥合利益分歧，实现双方互利共赢。在当前百年未有之大变局加速演进、世界政治经济格局深度调整、经济全球化遭遇波折、贸易保护主义和单边主义抬头的背景下，稳固和增进中欧利益关系出现重大战略机遇期，同时也面临艰巨挑战，我国需要抓住这一重塑中欧利益关系的"窗口期"，针对欧盟对华战略定位调整，及时对中欧利益关系定位进行适度调整，并在此基础上细算中欧利益关系"经济账"，弄清楚"脱钩"会给双方造成的代价与成本，在良性竞争与互利合作中做大中欧共同利益"蛋糕"。当前及未来一个时期，中欧在双边和多边领域合作范围广泛、合作利益巨大，贸易、能源、制造

---

① 本章由谈俊博士、孙珮博士共同执笔完成。

可以作为深化中欧利益关系的三大支柱领域，双方在这三大领域的竞争与合作不仅能撬动双边利益关系发展，也能引领全球变革。

一、利益共存者：大变局下中欧利益关系新定位初探

大变局下中欧利益关系新定位并非凭空而来，而是建立在中欧 70 年来双边利益关系竞合中调整的内在发展规律基础上，也是基于大变局下世界主要经济体彼此间博弈的现实。对中欧利益关系调整而言，大变局对双方来说均是机遇与挑战并存，合作潜力依然巨大，但竞争将不可避免地增多，当下需要加快推动中欧利益关系定位调整，做大中欧共同利益"蛋糕"。正如德国总理朔尔茨在访华前接受媒体采访时所言，近年来，中欧之间"竞争因素无疑增加了"，但应持有正确对待竞争的态度，在接受竞争的同时，"更重要的是找出仍然符合双方利益的领域并寻求合作"。

（一）70 年来中欧利益关系竞合演变的内在规律

纵观 70 年来中欧利益关系发展历史，其间时而充满阳光，时而荆棘密布，前期以合作为主，但近来竞争逐渐增多，总体上双边利益关系朝着做大共同利益"蛋糕"的方向发展，其内在规律主要体现为：

1.遵循基本经济规律推进双边利益合作是做大共同利益蛋糕的首要规律。70 年来中欧能够不断做大共同利益"蛋糕"，最根本的原因是双方充分发挥彼此在资源禀赋、经济结构方面的互补优

势，取长补短，其间虽有波折，但中欧双方如果均在遵循基本经济规律的基础上推进合作，双边利益关系则以合作为主，也能较好地实现互利共赢；反之，中欧如果忽视经济规律的作用，人为强制违背经济规律，双边利益关系往往出现摩擦与波折，难以实现互利共赢，甚至出现双输的局面。

中欧利益关系发展的前期，中国低成本优势明显，人力、土地、原材料等生产要素价格较低，但缺资金、少技术、弱管理。与此相对，欧盟在资金、技术、管理方面具有明显优势，但人力资源、土地、原材料价格较高。在这种情况下中欧充分发挥各自比较优势，加强合作，欧洲国家在中国投资设立生产基地，中国获得了发展所需的资金、技术和管理，同时增加了就业，提高了居民收入和生活水平，欧盟企业降低了生产成本，提升了产品国际竞争力，也获得了更多利润，而中国质优价廉产品出口欧盟，也实实在在改善了欧盟民众的福祉。特别是在经济全球化深入发展背景下，关税水平的降低减少了中欧双边贸易的障碍，进一步增强了双方加强经贸合作的内生动力。这种利益的深度交融也是双边关系改善的有力动力。反观近来，欧盟在对华经贸往来中融入越来越多的安全、劳动保护、环境保护等非经济因素，冲击了中欧之间仍然具有的资源禀赋互补优势，使经济规律难以充分起效，这也是近期双方利益关系中竞争与摩擦逐步增多的重要原因。

2.以做大共同利益"蛋糕"为取向的经济政策保障了中欧利益关系在波动中以合作为主向前演进。70年来，在中欧利益关系发展中，双方政府的政策导向极大地影响了中欧竞争与合作关系的变化以及双边关系总体走势。当中欧政府从战略和双边共同利益角度出发出台和实施相关政策时，双方的共同利益往往能够得到较好维护，并在合作中不断增大共同利益，而当彼此过于强调自身利益而忽视对方利益、并在政策层面加以体现时，中欧利益中的竞争因素往往会增加。

从中国来看，20世纪70年代末期以来中国实施的一系列扩大开放政策，如吸引外商直接投资、扩大开放范围、不断优化营商环境等，虽然是中国面向所有国家的政策，但对增进中欧双边共同利益具有积极促进作用，符合双方共同利益。此外，中欧之间互联互通政策（如沪伦通）便利了双方资源要素的跨境流通，《中国对欧盟政策文件》也从战略层面为加强中欧利益合作提供了重要保障。欧盟方面，1995年发表的《中国—欧盟关系长期政策》、1996年制定的《欧盟对华新战略》，直至2003年欧盟发表《走向成熟的伙伴关系——欧中关系之共同利益和挑战》，这些以促进对华合作为主的政策文件同样在推动双方做大共同利益"蛋糕"方面发挥了重要作用，而2019年3月发布的《欧盟—中国：战略展望》和2021年9月发布的《新欧中战略报告》所体现出的竞争含义明显增多。实际上，近两三年来，欧盟对中国企业赴欧投资并购审查增多，中欧双边投资也出现一定下滑。

3. 重视和采纳企业意见是中欧利益关系没有大幅偏离合作轨道、滑向恶性竞争的"纠偏器"。企业是做大中欧共同利益"蛋糕"的重要微观主体，是市场环境的切身"体会者"，也是中欧合作的直接受益者。在中欧利益关系竞争与合作的演变中，政府对企业界所反映的营商环境、投融资政策、竞争政策等方面存在问题的重视和采纳，有助于及时纠正双方的政策偏误，推动中欧利益关系运行在良性竞争与互利合作的正确轨道上。从实际来看，中国欧盟商会定期出版的《欧盟企业在中国建议书》与《商业信心调查》反映了欧盟在华企业遇到的问题、对中国营商环境的看法及愿景等，这对持续改善中国营商环境发挥了积极促进作用。与此类似，欧盟中国商会也通过出版年度《中国企业在欧盟发展报告》，主动向欧盟有关部门反映中国企业诉求，积极参加欧委会新立法进程并反馈意见，如曾向欧盟委员会提交关于企业"可持续发展尽职调查指令（CSDD）草案"的反馈意见，呼吁欧盟机构倾听更多来自中国企业的声音，改进相应提案。在实际效果上，中欧政府部门及相关机构听取企业界呼声，对营造公平、公正、公开的营商环境发挥了重要作用，对稳定企业投资和经营信心、促进企业间良性竞争、做大双方共同利益"蛋糕"的作用明显。

（二）大变局深刻影响中欧利益关系变化与走向

大变局下，全球政治经济格局深度调整，加速演进，各方力量博弈加剧，中欧作为全球主要经济体，双边利益关系变化深受大变局影响。

1. 大变局下错综复杂的大国博弈深刻形塑中欧利益关系调整的外部环境。中欧利益关系调整内嵌于全球政治经济格局演变，一些大的变量深刻影响着中欧利益关系的调整。

中美战略竞争升级、美欧密切盟友合作。拜登政府上台后，延续并加剧了特朗普政府时期的对华战略竞争政策，除在科技、重点领域产业链供应链等方面加强对华竞争外，更加重视联合盟友共同参与对华竞争。2021年6月，欧盟和美国共同成立贸易和技术委员会，其主要目标定位于促进美欧之间的创新与投资、强化供应链合作，避免不必要的贸易障碍，具体内容除技术标准合作、气候和绿色科技、数据治理和技术平台、促进中小企业获取和使用数字技术、全球贸易挑战外，还将安全作为重要内容，包括出口管制、滥用技术威胁安全和人权、信息通信技术（ICT）安全和竞争力、包括半导体在内的供应链安全、投资筛选等。这一委员会被认为是拜登政府联合欧洲"更好与中国竞争"的重要手段，预计双方将在所涉及领域加强协调，统一对华立场。

乌克兰危机持续，欧俄对立加剧。乌克兰危机爆发后，欧盟与俄罗斯关系急剧恶化，截至2022年10月，欧盟对俄罗斯实施了八轮制裁，涉及金融、贸易、投资、人员往来、法律服务、信息技术、石油禁运等广泛领域，俄罗斯也对欧盟进行了反制裁。按目前趋势，欧盟和俄罗斯关系实现转圜的空间非常小，甚至会进一步恶化。欧盟和俄罗斯均为中国重要的经贸合作伙伴，俄欧关系持续走低将加大中欧利益关系调整面临的复杂性、艰巨性和不确定性。

全球产业链供应链区域化、本土化调整仍在持续。新冠肺炎疫情大流行极大冲击了全球产业链供应链网络的稳定，"断链""卡链"等现象威胁了生产再循环的顺利进行，也使各国更加重视产业链供应链的安全与韧性。为降低和消除断链风险，各主要经济体着力推进产业链供应链布局调整，近岸化、友岸化、区域化、本土化趋势明显，一些在中国投资、生产、经营的跨国企业实施了"中国+1"策略，即在中国之外设立新的生产基地，防止供应链上的某个环节中断。中国经济已深度融入世界经济体系，是全球120多个国家最大的贸易伙伴,全球产业链供应链的这种强调安全、弱化效率因素的调整,在一定程度上将弱化中欧产业链供应链之间的紧密联系,减少双边利益交集。

世界贸易组织改革推进乏力,双边和诸边自由贸易协定不断出现。近年来,WTO作为全球多边贸易体制核心的作用被明显削弱,争端解决机制停摆极大地影响了WTO功能的充分发挥。与此相对的是,双边和诸边自由贸易协定不断达成并得到实施,成为促进高水平国际经贸往来的重要动力。如《区域全面经济伙伴关系协定》(RCEP)、《全面与进步跨太平洋伙伴关系协定》《数字经济伙伴关系协定》(DEPA)、《欧盟—日本经济伙伴关系协定》《美墨加协定》(USMCA)等。

2. 中欧利益关系调整的内在动力进一步增强。世界政治经济形势的快速变化对中欧各自的内部发展产生了较大影响,也使重塑中欧利益关系的可能性进一步上升。

欧盟内部发展面临的压力与挑战进一步加大。为应对新冠肺炎疫情冲击,欧盟国家实施了扩张性经济政策,特别是超宽松货币政策,扩大货币投放,这止住了疫情下经济的快速下滑,并转入复苏轨道。但乌克兰危机的出现放缓了欧盟经济复苏步伐,在能源危机发酵、前期超宽松货币政策滞后效应显现以及欧洲中央银行大幅加息等因素影响下,欧盟国家经济滞涨压力显著加大,未来一个时期增长前景难以令人感到乐观。根据国际货币基金组织预测数据,2022年欧元区经济增速预计为3.1%,较2021年低2.1个百分点,2023年欧元区经济增速将进一步大幅放缓至0.5%。物价方面,欧盟统计局数据显示,2022年10月通胀率同比增长

10.7%，较9月份9.9%的水平有大幅上升。物价水平持续大幅上升也对普通民众的生活产生了影响，而伴随着2023年经济增速下滑，欧元区及欧盟总体失业率上升的压力也将逐步加大。此外，欧盟高企的能源价格显著加大了企业经营成本，削弱了制造业竞争优势，出现了制造业外流趋势，这对欧盟未来的经济增长与就业而言更是雪上加霜。当此之时，欧盟在继续挖掘内部稳定因素的同时，迫切需要寻找外部"稳定锚"，增进与中国利益关系的紧迫性也更加强烈。

中国坚持对外开放的基本国策，坚定奉行互利共赢的开放战略，不断以中国新发展为世界提供新机遇，推动建设开放型世界经济，更好惠及各国人民。中国坚持经济全球化正确方向，共同营造有利于发展的国际环境，共同培育全球发展新动能。中国积极参与全球治理体系改革和建设，坚持真正的多边主义，推进国际关系民主化，推动全球治理朝着更加公正合理的方向发展。

但毋庸讳言，中国的改革、开放、发展也还面临诸多矛盾与挑战。建设更高水平开放型经济新体制、构建双循环新发展格局、建设市场化、国际化、法治化营商环境等非一朝一夕可以完成，需要久久为功，并在这一过程中调整与包括欧盟在内的其他经济体的利益关系。

（三）利益共存者：中欧利益关系新定位

70年来中欧利益关系发展、调整的历史经验已经充分表明，应势、应时而来的利益关系定位调整对于拨正中欧利益关系发展"航向"，最大程度释放双边合作潜能，实现互利共赢具有重要的

第三章　利益共存者：重塑中欧利益关系的新定位

引导和促进作用。当下国际形势瞬息万变、多边力量博弈加剧，推动中欧双边利益关系调整、实现中欧各自经济平稳运行也需要及时对中欧利益关系进行新定位，可以说，当前中欧利益关系新定位既是历史逻辑演进的结果，也是大变局下做大双方共同利益"蛋糕"的必然选择。

1."利益共存者"的定义。基于世界政治经济格局深度调整、欧盟对华战略转向、中欧利益合作基础仍然较为坚实但竞争态势日渐明显等综合因素，我国可以考虑将大变局下对欧利益关系定位调整为"利益共存者"，以更加全面反映中欧利益关系时代现状和未来发展趋势，并在政策层面有所体现。这里的"利益"主要是指经济利益[①]，"利益共存"强调中欧对彼此利益和发展权利的认可，避免因强调自身利益而忽视甚至否定对方利益的存在，也避免对对方利益进行不合理干预，双方应共同维护彼此利益存在的空间。

2."利益共存者"的内涵。一方面"利益共存者"是对"中欧全面战略伙伴关系"定位的丰富和发展。"利益共存者"没有否定合作在中欧利益关系中的基石地位，而是在合作的利益之外，更加强调对非合作利益的尊重，以及更加强调管控分歧以实现良性竞争。对于中欧存在利益交集的领域，双方通过合作实现共同利益，如在坚持多边贸易体系、完善全球经济治理、保护环境加快经济社会绿色化转型、实现经济持续平稳增长等领域，这些领域可以视为显性合作领域；在双方利益交集之外，中欧在一些领域

---

① 注：严格来讲，中欧之间的利益除经济利益外，还涉及地缘政治利益、军事利益、安全利益以及文化利益等较为广泛的领域，为行文方便，此处"利益"是指经济利益。

有各自的利益诉求,如欧洲有提升战略自主水平、深入推进欧洲一体化发展等诉求,中国有"走出去"发展的需要等,在这些领域,双方的处理方式总体上是尊重对方立场和选择,可以视为隐性合作领域;在双方出现竞争、疑虑和摩擦的领域,如欧盟加大在印太地区布局供应链、欧盟以供应链审查等非关税壁垒提高市场准入门槛等,如果双方不能妥善处理双边利益关系,往往会出现零和博弈甚至双输局面,在这种情况下,需要中欧妥善管控竞争与弥合分歧,而承认各自利益的存在则是管控竞争与弥合分歧并取得成效的重要基础。

另一方面,"利益共存者"有助于拓展对欧关系腾挪空间。"利益共存者"定位有助于扩大中欧利益共容空间,既与中欧在具有共同利益领域的合作相互兼容,也针对中欧潜在的竞争和分歧领域,确立共存原则有助于为双方提供缓冲,避免重塑双边利益关系时陷入非友即敌,非此即彼的线性思维陷阱。

二、中欧利益关系:算总账、守底线、谋大势

(一)细算中欧利益关系"经济账"

作为全球三个最大经济体中的两大经济体,中国与欧盟均通过经贸合作获得了巨大的好处。通过细算中欧之间的利益交集,我们可以更直观地看到中欧经贸合作给双方带来的丰硕成果。2021年,中欧贸易额超8 000亿美元,中国是欧盟第一大贸易伙伴,欧盟是中国第二大贸易伙伴。中欧已经形成你中有我,我中有你的利益交织关系。通过测算分析发现,虽然中欧之间竞争性

的一面有所加强，但互补性依然是中欧经贸关系的主基调，双方的合作需求远远大于竞争。中国和欧盟都是全球化和多边贸易体制的支持者，中欧作为世界两大力量、两大市场、两大文明，拥有广阔的合作空间，更肩负着塑造和引导世界的重要责任。中欧应该加强全方位对话与合作，坚持真正的多边主义，携手助力世界经济复苏。今后中欧双方不仅可以加强经贸合作，还能在应对疫情、绿色发展和数字经济等方面大有作为，中欧合作仍有很大的发展空间。

1. 中欧贸易规模不断扩大，呈现新趋势

中欧贸易近年来呈现螺旋式增长。经贸合作在中欧关系中起着"压舱石"和"推进器"的作用。中国是世界上最大的发展中国家，欧盟是最大的发达国家集团，双方互为重要经贸合作伙伴。中欧经济互补性强，双方在市场、技术、资金等方面互有所需。过去20多年来，中欧贸易总体呈现出较强的韧性和活力。2000年，中欧双边进出口总值为1 000多亿美元，2021年已增长至超8 000亿美元，年均增长率为11.85%（见图3-1）。2001—2008年为中欧贸易额高速增长期，期间贸易额年均增长率在23.31%以上。中欧贸易额连续增长的趋势在2009年全球经济危机的影响下被打断，但很快在2010年出现反弹，并一直保持螺旋式增长。2010—2021年中欧贸易额年均增长率为6.36%（见图3-2）。中欧双边贸易总额在2018年突破7 000亿美元。2020年，新冠肺炎疫情席卷全球，中欧进出口总额有所降低。虽然受到一定冲击，但中欧贸易仍呈现较强韧性。在世界经济复苏放缓背景下，中欧双边贸易规模2021年呈现快速增长势头，中国海关总署数据显示，2021年中国与欧盟进出口总值达8 281.1亿美元，比2020年增长了27.5%。中国继续保持欧盟第一大贸易伙伴地位，欧盟为中国第二大贸易伙伴。欧盟对中国出口额占比10.2%，从中国进口额占比22.3%。

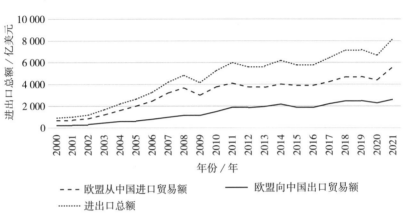

图 3-1　中欧进出口贸易总额趋势图

数据来源：联合国商品贸易统计数据库（UN Comtrade）

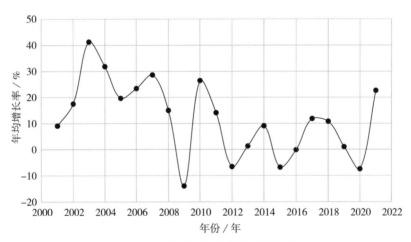

图 3-2　中欧进出口贸易总额增长率

数据来源：联合国商品贸易统计数据库（UN Comtrade）

中欧贸易结构：电机、电气、音像设备及其零部件类商品在中欧贸易中占据主导地位。从中欧货物贸易进出口结构看，根据海关数据HS一级分类（共22类商品①），中国和欧盟对电机、电气、音像设备及其零部件的进出口在双方的商品贸易中占主导地位（见图3-3）。2021年，欧盟对华出口该类商品923.9亿美元，占对华出口的29.81%；中国对欧盟出口该类商品2 329.7亿美元，占对欧出口份额的44.92%。机电、音像设备及其零件包含各类专用设备、通用设备以及电气机械和器材，还包括欧盟产业政策中供应链回流的主要产品——锂电池。近年来，欧盟自中国进口的机电、音像设备及其零部件占自中国进口总额的比重持续上升，由2016年的41.8%上升至2020年的45.3%。2020年，即便在全球新冠肺炎疫情的影响下，大部分产品的进出口贸易额减少，电机、电气、音像设备及其零部件的出口额不降反升，呈现较强韧性。2021年，该类产品的出口占比有所回落，但相比2019年仍然有所增长（见附表3-1）。

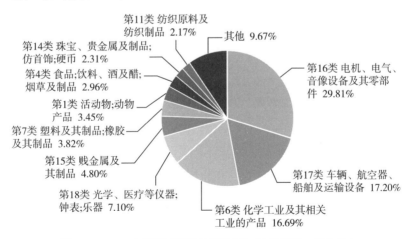

图3-3 2021年欧盟对华出口产品占比（HS编码一级分类）

数据来源：中国海关总署，CEIC

---

① 为行文方便，该书所涉及的商品类别名称有所简化，下同。

在中国对欧盟的出口中，包含玩具、家具的杂项制品为第二大类出口产品，占比9.46%（见图3-4）；出口欧盟的杂项制品占比2020年比2019年下降了1.27%，2021年比2020年提高了0.73%，但仍低于2019年。纺织原料及纺织制品类商品2021年的出口占比为8.79%，是中国向欧盟出口的第三大产品，向欧盟出口占比较高的还有化学工业产品及贱金属制品，占比分别为6.74%和6.22%。

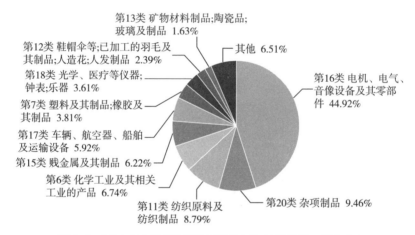

图3-4 2021年中国对欧盟出口产品占比（HS编码一级分类）

数据来源：中国海关总署，CEIC

在欧盟对中国的出口产品中，第二大类出口产品为车辆、航空器、船舶及有关运输设备，出口占比为17.2%；第三大类出口产品为化工产品，占比16.69%。除此之外，化学工业及其相关工业的产品，以及光学、医疗等仪器、钟表和乐器类产品的占比也较高，分别为16.69%和7.10%（见附表3-2）。

互补性仍是中欧贸易的主流和基础。中欧双边贸易中各自出口的商品具备较明显的比较优势，表明中欧贸易仍然呈现较强的互补性。中国是世界工业门类最全的国家，具有完善的工业体系和完备的上下游产业配套能力。中国对欧盟出口的商品多集中在机电产品加工行业、玩具、家具商品为主的杂项制品，以及轻纺织原料及服装制品。中国在对欧贸易中仍然体现出中国的"世界工厂"地位和"中国制造"的优势。对于欧盟的出口产品而言，在疫情反复、全球经济复苏乏力的背景下，我国及时复工复产，迅速带动国内消费复苏，为欧盟的出口商品提供了宝贵市场。在欧盟对华的出口中，机电产品、运输设备和化工产品类商品比重最大，三类产品占欧盟对华出口总额的63.7%。中国与欧盟相互依存、深度互补的经贸关系在一定时间内不会改变，中欧经贸合作仍将在双边关系中发挥重要作用。

中欧贸易结构竞争性趋势加强。对比中欧贸易中各自产品的出口占比变化，可以从中观察到新的变化趋势。在中国对欧盟出口中，第11类纺织原料及纺织制品2021年的出口占比与2020相比下降了4.4%，下降幅度相对较大（见表3-1）。下降的原因主要有以下几点：一是随着因新冠肺炎疫情影响而阻断的贸易物流逐渐恢复，从其他国家转移来的订单回流；二是随着复工复产，欧盟各国的新冠防疫物资充足，由防疫物资带动的纺织原料及纺织制品迅猛增长结束；三是我国部分劳动密集型产业在一定程度上向外转移。

另外，在中国和欧盟各自的出口产品中，化学工业产品在2020年和2021年的占比均有所提高，说明了化学工业产品在中欧进出口贸易中的重要地位。中国对欧盟出口的化工产品2021年比

2019年提高了1.76%，说明了中国化工产品的竞争力在增强，欧盟对我国化工产品的需求量在上涨。

值得注意的是，第17类车辆、航空器、船舶及有关运输设备产品，在中国对欧盟出口中的占比不断提高，两年来占比共增长1.75%；而欧盟对华出口的相关产品占比在两年内减少了1.54%。从一定程度上反映了在欧盟传统优势产业上，中国竞争力在加强。

表3-1 2020—2021年中欧出口占比变化

类别	欧盟对华出口		中国对欧盟出口	
	2020年占比变化/%	2021年占比变化/%	2020年占比变化/%	2021年占比变化/%
第3类 动、植物油脂及其制品	0.03	0.09	0.05	0.10
第6类 化学工业产品	0.68	0.04	0.52	1.24
第11类 纺织原料及纺织制品	−0.05	0.26	2.50	−4.40
第15类 贱金属及其制品	−0.35	−0.12	−0.95	0.77
第17类 车辆、航空器、船舶及有关运输设备	−2.11	0.57	0.09	1.66

数据来源：中国海关总署

中欧出口的主要产品贸易额变化也体现了这一现象。2016—2021年中欧向对方出口的产品贸易额数据显示，核反应堆、锅炉、机械器具、汽车及零部件、电器机械设备及零部件等主要产品类别均呈现上涨趋势（见图3-5和图3-6）。

随着2022年欧洲能源危机风险加剧，欧盟对中国的新能源产品需求更加强劲。2022年第一季度，欧盟统计局数据显示，欧盟对中国货物出口总额达 559 亿欧元，同比增长 2.4%；从中国货物进口总额达 1 477 亿欧元，同比大幅增长 40.8%。从产品看，欧盟受能源影响比较大的产品出口份额或有所下降，而欧盟加大了对中国光伏产业、含氮杂环化合物等化工产品以及汽车的进口份额。这一方面表明，中国的供给优势使欧盟在通胀高企和经济危机影响下更加需要中国商品，但同时，从贸易结构的变化来看，中国和欧盟在同类产品中的增长趋势趋同，中国与欧盟经贸关系中竞争性的一面也在加大。

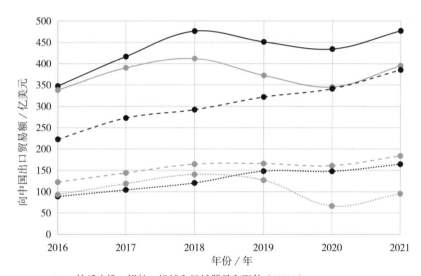

图 3-5　2016—2021 年欧盟向中国出口前 6 类产品贸易额变化图
数据来源：联合国商品贸易统计数据库（UN Comtrade）

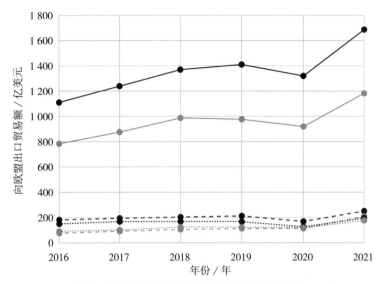

图 3-6　2016—2021 年中国向欧盟出口前 6 类产品贸易额变化图

数据来源：联合国商品贸易统计数据库（UN Comtrade）

2. 中欧双边投资持续增长，出现新变化

中欧双边投资疫情后持续增长。2000 年以来，中欧双边投资从较低的水平上实现了较快的增长，投资行业和领域不断拓宽。《中国外资统计公报 2021》显示，2020 年欧盟和英国在华投资金额共计 66.7 亿美元，相比 2019 年的 73 亿美元，同比下降 8.6%，占 2020 年我国实际使用外资的 4.5%；新设企业 2 242 家，占我国新设外商投资企业数的 5.8%。虽然受新冠肺炎疫情和经济逆全球化影响，欧盟对华实际投资有所下降，但随着疫情冲击减弱，投资呈现出反弹趋势。据商务部公开数据显示，2022年1—8月，中国实际使用外资1 384亿美元，增长20.2%。其中，欧盟对华投资增长123.7%，投资总额高于2021年和2020年同期，比2019年上半年也略有上升。

在中国对欧盟投资方面，根据《2020年度中国对外直接投资统计公报》，2020年末中国在欧盟的直接投资存量为830.2亿美元，占中国在发达经济体投资存量的32.7%。根据荣鼎集团的报告，2021年中国在欧洲的外国直接投资比2020年增长了33%，达到106亿欧元。中欧之间双向投资近年来虽然实现了一定幅度的增长，但相比两个经济体的经济体量以及贸易规模仍较小，中欧投资依然有比较大的增长空间。

制造业领域是中欧双边投资的主要领域。中欧工业领域直接投资较多，服务业投资空间较大。欧盟对华直接投资集中在工业，尤其是制造业领域。欧盟委员会报告显示，2000—2020年间，欧盟对华投资中投向汽车业的占比达到41.7%，原材料行业占比为29.2%，二者合计占比超过70%。服务业中占比最高的是金融与商业服务业，投资比重为11.2%，此外，欧盟在我国农业和食品行业的投资也较多，占比为11.8%。从国别看，德国、法国、荷兰、芬兰等是对我国直接投资存量排名居前的欧盟国家，这些国家的优势行业也集中在工业、原材料、农业和食品等领域。我国对欧盟的直接投资行业相对较为分散，但也主要分布在制造业和基建领域，比如2000—2020年，我国对欧盟汽车行业的投资占对欧投资的19.7%，交通和基础设施占17.7%，ICT行业占16.1%，工业机械和设备占12.5%。在欧盟国家中，德国、法国、意大利、荷兰、芬兰、瑞典是中国在欧盟投资的主要国家。从行业分布看，未来中欧在服务业领域的双向直接投资仍有较大的增长空间。

欧洲对华投资集中程度越来越高。根据荣鼎集团发布的数据（见表3-2），欧洲（欧盟27国和英国）对中国的直接投资主要集中在汽车、食品加工、制药和生物技术、化工和制造业等行业。同时，欧洲在华的投资者和国家来源也越来越集中，2000年至2021年间，欧洲前十大投资者占年度外国直接投资交易量的71%，德国、英国、法国和荷兰四国在同一时期共同占欧洲对中国直接投资的89%。从行业来看，在2018—2021年间，汽车设备和部件、食品加工、制药和生物技术、化学品以及消费品制造五个行业占欧洲对华直接投资总额的近70%。这五大行业都属于欧洲的优势产业，尤其汽车行业，更是德国的支柱性产业。2008年至今，汽车行业始终位居欧洲对华投资份额的第一位。

表3-2　2001—2021年欧洲在华直接投资的主要领域

序号	2000—2007年	2008—2012年	2013—2017年	2018—2021年
1	塑料、橡胶其他材料制品（14%）	自动化设备和零部件（24%）	自动化设备和零部件（32%）	自动化设备和零部件（31%）
2	金融服务（13%）	金融服务（9%）	化学制品（10%）	食品加工和分销（14%）
3	自动化设备和零部件（11%）	消费品制造（8%）	食品加工和分销（10%）	制药和生物技术（10%）
4	化学制品（11%）	化学制品（8%）	塑料、橡胶其他材料制品（6%）	化学制品（9%）
5	煤炭、石油和天然气（9%）	工业机械（7%）	消费品制造（5%）	消费品制造（5%）

数据来源：荣鼎集团（Rhodium Group）

绿地投资成为中国在欧盟投资的重要方式。2021年，中国对外直接投资小幅增长3%，达到1 140亿美元。同期，中国在欧洲（欧盟+英国）的直接投资增长了33%，达到106亿欧元。在行业方面，消费产品和服务投资占投资总额的36%；汽车行业位居第二，占中国所有投资的23%。健康、制药和生物技术和ICT领域也是中国企业在欧洲热门的投资行业，2021年分别占中国企业在欧总投资的9%和8%。

值得注意的是，由于绿地投资通常受当地政府审查措施的约束程度较小，又能够给当地创造就业机会和促进税收，往往更受中国投资者欢迎。因此，不同于以往采取并购交易为主的方式，2021年中国在欧洲的绿地投资额比2020年增长51%，是2015年至2019年中国在欧盟绿地投资平均水平的240%以上。

（二）脱钩：中欧利益关系的代价与成本

近年来，随着中欧双方政治分歧和经济竞争日益加剧，中欧经济相互依存程度正日益成为备受关注的问题。在中国加快实现更大的经济和技术自给自足时，欧盟出于对其实现更深层次战略自主可能存在的风险担忧，开始了对其经济脆弱性的反思。因此在2019年，欧盟委员会就提出对中国的"三重定位"，即"谈判和治理领域合作伙伴、经济竞争者和制度性对手"。

中美贸易摩擦、新冠肺炎疫情发生以来，欧洲在国家安全、人权或地缘政治问题上的担心加剧，欧盟对华政策意识形态化倾向更加明显。在这种背景下，欧盟加强了对自身经济风险和脆弱性的评估，并使用国企补贴调查、企业尽职调查法案、碳边境税等政策工具增强其经济独立性。

2022年2月，乌克兰危机爆发深刻改变了欧洲的安全观，欧洲正在经历对自由市场、效率最大化和自由主义的深刻反思。欧盟作为世界第三大经济体，在传统利益上长期和美国保持一致，又通过北约在军事上和美国深度绑定。在政治层面，欧洲对华防备心理增强。随着安全观的不断泛化，欧盟愈发加大了对中国战略依赖问题的反思，中欧关系的经贸基础、相互依存的共同利益和务实合作的政策路径受到了不小的冲击。

2022年10月21日，欧洲理事会主席米歇尔（Charles Michel）在欧盟峰会后表示，欧盟将会在对华关系中采取双轨策略，在中欧关系中寻求对等与平衡。未来，欧盟很可能加强措施或采取更多工具限制中欧利益关系，减少中欧经贸依存度。

因此，我们也应加强对中欧经贸利益关系的梳理和评估，对中欧经贸关系中的脱钩风险和产业链供应链的脆弱环节进行评估。需要注意的是，此处的"脱钩"，指摆脱或降低对另一国（或实体）在产业链上的依赖，或降低对对方的经贸依存度。

近年来，中欧经贸关系扮演的角色越来越重，对当地的经济社会产生了广泛影响。本文从以下几个方面进行了梳理，分别是中欧之间的经贸依赖、产业链依赖、企业依赖和创新依赖。

1. 中欧贸易投资相互依赖分析

欧盟对华依赖。中国的快速发展及其作为驱动全球化的重要力量，推动过去二十年来中欧经济联系迅速扩大。2021年，中欧贸易额超过8 000亿美元。中国已经超越美国成为欧盟的第一大贸易伙伴，为欧盟消费者带来了大量物美价廉的商品。欧盟对华货物贸易出口从 2010 年的 1 459.9 亿美元升至 2021 年的 2 689.2 亿美元,欧盟对华出口占对世界出口的比重从 8.08% 升至 10.43%(见图 3-7)。

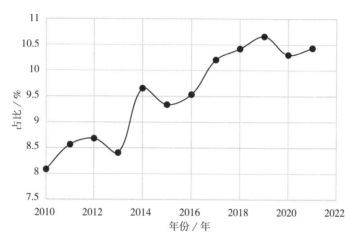

图 3-7 2010—2021 年欧盟对华出口占比

数据来源:联合国商品贸易统计数据库(UN Comtrade)

在欧盟内部,德国从中国的崛起中获得的经济利益最大。2005 年至 2021 年,在德国总理默克尔领导下,中德之间形成了更深层次的政治关系与更牢固的贸易和投资关系。2021 年,德国对中国出口产品占欧盟对中国出口的 47.5%,是法国的 4.6 倍,法国是欧盟对中国的第二大出口国。2020 年第二季度,中国首次成为德国最大的出口市场,而在 2021 年的欧盟对华投资中,德国对华投资占 46%。

中国对欧盟依赖。中国对欧洲产品不断增长的需求使中国成为欧盟重要的出口目的地,中国对欧盟的贸易依赖度也在不断增长。欧盟是中国最重要的出口地区之一,中国对欧盟出口份额曾高达20.48%（见图3-8）。2010年中国对欧盟出口的贸易额为3 113.42亿美元，2021年增长至5 186.61亿美元。但随着中国对世界出口份额的不断扩大，中国对欧盟出口的总额占对世界出口份额的占比并未上升，反而从2010年的19.73%降至2021年的15.42%（见表3-3）。

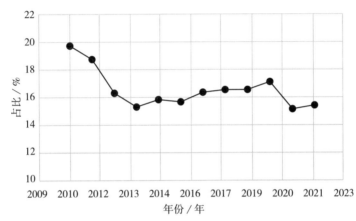

图3-8 2010—2021年中国对欧盟出口占比

数据来源：联合国商品贸易统计数据库（UN Comtrade）

表3-3 2010—2021年中国对欧盟出口额和占比

年份	中国对欧盟出口额／亿美元	出口占比／%
2010	3 113.42	19.73
2011	3 560.96	18.76
2012	3 341.13	16.31
2013	3 382.76	15.31
2014	3 709.91	15.84
2015	3 563.70	15.68
2016	3 432.54	16.36
2017	3 744.42	16.54
2018	4 115.34	16.55

续表

年份	中国对欧盟出口额／亿美元	出口占比／%
2019	4 277.97	17.12
2020	3 924.26	15.15
2021	5 186.61	15.42

数据来源：联合国商品贸易统计数据库（UN Comtrade）

2. 中欧供应链依存度分析

欧盟对华依赖。2000 年至 2021 年，欧盟从中国进口的贸易额从 686.63 亿美元增长至 5 573 亿美元，占比也从 7.52% 上升至 23.24%；从第二大货物贸易伙伴美国进口的商品占比在 2021 年为 10.93%（见图 3-9）。

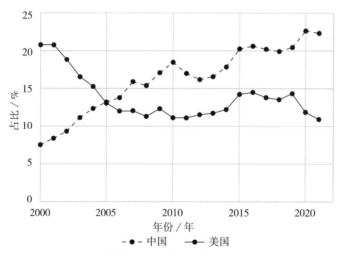

图 3-9　欧盟从中国和美国的货物贸易进口占比

数据来源：联合国商品贸易统计数据库（UN Comtrade）

按照 HS 一级编码分类，欧盟从中国进口占总进口额的比重各不相同。在 22 个商品大类中，有 7 类商品占比超过了 20%，其中从中国进口的杂项制品占比为 69.66%，鞋帽伞、加工羽毛、人造花、人发等制品类商品占比 46.56%，电机、电气、音响设备及其零部件占进口的 46.08%，毛皮制品、箱包等占比 42.96%。另外，矿物材料制品、陶瓷品、玻璃及制品占比为 35.77%，纺织原料及纺织制品占比为 33.03%，塑料、橡胶及其制品占比为 22.96%（见表 3-4）。

表 3-4　2021 年欧盟从中国进口占世界进口比例

欧盟进口产品（按 HS 一级编码分类）	2021 欧盟从中国进口占比 / %
第 1 类 活动物；动物产品	6.11
第 2 类 植物产品	3.83
第 3 类 动、植物油脂及其制品	5.28
第 4 类 食品；饮料、酒及醋；烟草及制品	4.49
第 5 类 矿产品	0.38
第 6 类 化学工业及其相关工业的产品	13.26
第 7 类 塑料及其制品；橡胶及其制品	22.96
第 8 类 革、毛皮及制品；箱包；肠线制品	42.68
第 9 类 木及木制品；木炭；软木；编结品	18.19
第 10 类 木浆等；废纸；纸、纸板及其制品	18.78
第 11 类 纺织原料及纺织制品	33.03
第 12 类 鞋帽伞等；加工羽毛，人造花，人发制品	46.54
第 13 类 矿物材料制品；陶瓷品；玻璃及制品	35.77
第 14 类 珠宝、贵金属及制品；仿首饰；硬币	2.82
第 15 类 贱金属及其制品	19.35
第 16 类 电机、电气、音像设备及其零部件	46.08
第 17 类 车辆、航空器、船舶及运输设备	14.70
第 18 类 光学、医疗等仪器；钟表；乐器	19.40
第 19 类 武器、弹药及其零部件	4.87
第 20 类 杂项制品	69.66
第 21 类 艺术品、收藏品及古物	1.57
第 22 类 特殊交易品及未分类商品	2.90

数据来源：联合国商品贸易统计数据库（UN Comtrade）

作为"世界工厂",中国在欧盟进口的许多产品类别中占据主导地位。欧洲对中国大陆进口产品的依赖,集中于杂项制品中的供暖和照明设备、家具及其零件、旅游用具、箱包、服装服饰、鞋靴和其他杂项制品,以及机械与运输设备中的办公设备、自动数据处理设备和电信及录音设备,这些多是作为最终消费品;中间品中,依赖度较高的主要有以原料分类的制成品,包括皮革和皮革制品、软木及软木制品、纸制品、纺织品和金属制品,以及机械与运输设备中的通用工业机械和电力机械装置及零部件。

欧盟认为一些成员国对中国存在战略依赖,即当欧盟是某种商品的净进口国,欧盟从中国进口该商品占比达到50%以上,中国控制着该商品全球市场的30%以上。根据这一定义,2019年,在联合国商品贸易统计数据库定义的5 600多个产品类别中,欧盟在659个商品上存在对华战略依赖。按价值计算,这些占从中国进口总额的43%。前十个类别中有六个至少部分与消费品(如纺织品、家具、玩具)和消费电子产品(如手机、个人电脑、家用电器)有关。然而,虽然它们对于欧盟的零售业和民众生活是重要的,但可替代性较强,因此对于消费品的依赖不被视作欧盟对华的战略依赖。

除此之外,在电子、化工、矿物金属和制药医疗产品中,欧盟在战略上严重依赖从中国进口的产品类别有103个。欧盟对中国的进口依赖在电子行业最为明显,对中国的依赖很大原因是建立替代供应链复杂且昂贵,而不是因为这些产品所涉及的技术复杂。

在关键产业链上,欧盟在风力涡轮机、电动汽车、太阳能电池和半导体等所需工业金属和稀土方面严重依赖中国。其中，欧盟对金属进口的依赖度在 75% 到 100% 之间，具体依赖度取决于金属类型，在欧盟列为关键的 30 种原材料中，有 19 种主要从中国进口。

中国对欧盟依赖。欧盟是中国外国投资和创造就业机会最多的地区之一。欧盟对华投资项目平均规模大，技术含量较高，多为生产领域。改革开放以来，欧盟一大批优秀企业尤其是大的跨国公司进入中国，空客、大众、壳牌、联合利华、西门子等众多领域跨国企业巨头在相关领域占据了显著地位，先后成为在华投资成功的典范。这些企业在中国的投资和发展，为中国深度融入全球产业链，建立完备的制造业体系以及推动制造业转型升级发挥了重要作用。

在中国自欧盟进口的产品中，毛皮制品以及车辆、运输设备占中国自世界进口比重较高。例如，革、毛皮类制品，占中国自世界进口的 53.45%。车辆、航空器、船舶和运输设备类，占中国自世界进口的 51.37%。中国在汽车制造业、高端制造业和高端医疗设备等领域对欧盟存在较强依赖，其中，机动车零件对欧盟依赖较为严重，进口占比达 51.8%。第三是鞋帽伞等，占比为 23.89%。对于皮革、鞋帽和伞等类别的产品，中国相关品类中低端产品完全可以自产自销不需要进口，而从欧盟进口的相关产品往往是欧盟具有优势的时尚业高端产品（见表 3-5）。

表 3-5 2021 年中国从欧盟进口占从世界进口比例

中国进口产品（按 HS 一级编码分类）	2021 中国从欧盟进口占比 / %
第 1 类 活动物；动物产品	18.72
第 2 类 植物产品	2.26

续表

中国进口产品（按 HS 一级编码分类）	2021 中国从欧盟进口占比 / %
第 3 类 动、植物油脂及其制品	4.54
第 4 类 食品；饮料、酒及醋；烟草及制品	28.16
第 5 类 矿产品	0.57
第 6 类 化学工业及其相关工业的产品	27.27
第 7 类 塑料及其制品；橡胶及其制品	11.68
第 8 类 革、毛皮及制品；箱包；肠线制品	53.45
第 9 类 木及木制品；木炭；软木；编结品	18.34
第 10 类 木浆等；废纸；纸、纸板及其制品	15.11
第 11 类 纺织原料及纺织制品	18.95
第 12 类 鞋帽伞等；加工羽毛，人造花，人发制品	23.89
第 13 类 矿物材料制品；陶瓷品；玻璃及制品	16.60
第 14 类 珠宝、贵金属及制品；仿首饰；硬币	9.26
第 15 类 贱金属及其制品	9.62
第 16 类 电机、电气、音像设备及其零部件	5.67
第 17 类 车辆、航空器、船舶及运输设备	51.37
第 18 类 光学、医疗等仪器；钟表；乐器	19.01
第 19 类 武器、弹药及其零部件	68.71
第 20 类 杂项制品	32.41
第 21 类 艺术品、收藏品及古物	25.96
第 22 类 特殊交易品及未分类商品	2.78

数据来源：联合国商品贸易统计数据库（UN Comtrade）

3. 中欧企业创新依存度分析

欧盟对华依赖。作为制造业巨头，中国已经是许多行业，如化工、塑料、电子、汽车的最大市场，市场对这些行业的预测前景仍然乐观。中国市场规模庞大，是新冠肺炎疫情暴发后 2020 年唯一实现正增长的主要经济体，中国也有望很快超过美国，成为最大的消费市场。

根据欧盟中国商会（CCCEU）2022年9月发布的《中国企业在欧洲》年度报告，尽管2021年面临逆风和挑战，但中国企业在欧盟的总收入估计达到1 630亿欧元，年增长率达8.4%。然而，中国企业整体在欧盟的投资和影响力仍然相对较小，中国的总入境投资存量仅占欧盟总量的5%左右。在企业和创新方面，欧盟对中国的依赖性有限。

欧洲企业对华依赖还体现在欧洲企业在华投资，依托中国市场，欧洲企业创造了巨额财富。例如，在德国企业中，2018年至2021年间，德国三大汽车制造商——大众、宝马和奔驰，以及化工巨头巴斯夫，四家公司共占欧洲对华直接投资总额的34%。

在创新方面，新兴技术的快速发展使得欧洲公司进入中国市场至关重要。在自动驾驶、电动汽车、智能制造和数字化等领域，中国正在迅速发展成为全球领先市场和一个重要试验场。目前，大众汽车收购了电动汽车合资企业江淮汽车的多数股权和电动汽车电池供应商国轩高科的26%股权。2022年9月，中国电池巨头宁德时代和亿纬锂能宣布与德国汽车巨头宝马达成100亿欧元的电池供应协议。根据协议，将建立四家超级工厂，中国和欧洲各两家，服务于中国和欧洲的绿色转型和碳中和使命。此前，宁德时代投资20亿美元和能源技术供应商远景集团在法国建立电动汽车电池工厂。

中国对欧盟依赖。随着创新和产品质量的提高，联想、海尔、大疆和阿里巴巴等中国品牌在欧洲已成为家喻户晓的名字。2019年，华为和联想近四分之一的收入来自欧洲、中东和非洲地区，其中欧盟至少占50%。这表明欧洲市场对中国企业的重要性几乎不亚于中国市场对那些主要欧盟企业的重要性。与此同时，广东、长三角和福建等主要出口地区的大量出口型中小企业严重依赖欧洲市场。

中国的企业创新受益于欧洲企业的技术出口与本土研发，中国企业与欧洲公司、大学或研究机构的研究合作也促进了企业的技术进步。随着国际化程度的提高，中国企业也在欧洲设立了研发中心，例如，吉利于2019年在德国开设了电动汽车研究中心。

总体来看，中欧之间无论在贸易、投资还是产业链供应链等领域，双方已经深度嵌套。中欧之间有8 000亿美元进出口货物贸易总量，中国高端工业的发展，给欧洲带去的并非全是竞争，还有更大的消费市场。中欧贸易对双方都具有极强的不可替代性，倘若欧盟跟中国"脱钩"，中国也会失去巨大的市场份额，中欧双方都会"两败俱伤"。

欧洲国家与中国"脱钩"会产生非常大的影响。以德国为例，德国对华贸易额已经占德国外贸比例的近10%，其中46%的德国制造业公司表示，他们的经营依赖于中国的订单。根据德国IFO经济研究所2022年报告显示，对于德国来说，如果中欧全面"脱钩"，中国输入欧洲的商品将大大减少，从欧洲进口的必需品也会大大减少。如果德国单方面跟中国"脱钩"，德国从中国的进口总额将下降95.84%，出口额下降17.73%；如果全面"脱钩"，德国对中国的出口额将下降97.19%。全面脱钩情境下，德国的汽车业将至少损失83亿美元盈利，制造业将损失15.29亿美元盈利，机械工程领域将至少损失52亿美元盈利，总体计算下来，德国的实际GDP将下降0.81%。在全面"脱钩"的情况下，中国制造业也将遭受沉重打击,中国的 GDP 将会降低 2.27%。时任德国大众汽车集团首席执行官迪斯曾表示,若没有与中国的业务往来,德国的通货膨胀将进一步加剧,经济增长和就业会受到打击,还可能导致欧洲社会动荡。

因此,欧盟与中国"脱钩"将干扰全球产业链供应链的正常运转,更会破坏双方的正常经贸交往。欧洲同中国"脱钩"的论调不合理,也不可行。随着中国经济持续恢复带动需求回暖,继续扩大高水平对外开放,中国将为欧盟乃至全球贸易伙伴提供更广阔的发展空间和更大的市场机遇。

(三)竞合中做大中欧共同利益"蛋糕"

正如前文分析所示,"脱钩"将给中欧双方带来巨大损失,切不可行,双方应坚决守住避免"脱钩"的底线,同时,针对双方存在共同利益的领域,准确研判这些领域未来中欧竞争与合作的发展趋势,确立相应的相处方式、相处原则,更好地在竞合中做大双方共同利益"蛋糕"。

1. 大变局下重塑中欧竞合新格局

竞争与合作共存于中欧利益关系的动态变化中。大变局下,中欧做大共同利益"蛋糕",应针对各领域竞争与合作的变化,确立相应的原则,分类施策。在彼此优势互补领域,应坚定不移扩大和深化双边合作,以更加紧密的利益捆绑实现互利共赢;在竞争增多的领域,要坚持全面看待竞争的性质、发展前景、影响范围,推动双边竞争保持在"良性竞争"的轨道上,避免因竞争而加大分歧,甚至滑向恶性竞争。

2. 中欧合作潜力更大的领域

中欧资源禀赋和经济结构互补的特征仍然显著，这决定了双方仍有发挥比较优势扩大合作的空间。贸易领域，中欧深化合作的基础仍然非常坚实，中国在机电产品加工、玩具、家具、轻纺织原料及服装等领域的对欧盟出口以及欧盟在机电产品、运输设备和化工产品等领域的对华出口，预计均将维持在较高水平；欧盟对中国光伏产品等的需求有望增大，以缓解其面临的能源压力；中国在服务领域巨大的市场需求潜力有助于扩大中欧双边服务贸易规模。投资领域，中欧在能够更多的创造就业和增加税收的绿地投资领域合作空间较大。互联互通领域，双方在基础设施联通、人员往来、金融市场互通等领域合作的成分相对更多。企业和创新领域，中欧彼此相互依赖程度较深，特别是企业发展和技术创新的应用对彼此市场的依赖较深。多边贸易和全球治理体系领域，继续推进完善多边贸易体系和全球经济治理体系是中欧重要的利益交集所在，符合双方根本利益，中欧在这两个领域未来仍将以合作为主。绿色发展领域，中欧均是全球绿色发展的重要推动力量，在《巴黎协定》的达成和实施中发挥了重要的推动作用，双方在减少碳排放，加快实现"碳达峰""碳中和"领域的合作居于主要地位。产业链供应链领域，在部分关键产业链上，如风力涡轮机、电动汽车、太阳能电池和半导体等所需工业金属和稀土方面，欧盟对中国的依赖程度较深，短期内难以实现全面替代，在这一领域双方的合作将居主要地位。

3. 中欧竞争逐步增多的领域

未来，中欧双方在差距逐步缩小、理念分歧较大、部分行业技术创新等领域的竞争将逐步增多。具体而言，贸易领域，在欧盟具有传统优势的航空器、船舶及有关运输设备产品等方面，由于中国与欧盟的差距在逐步缩小，双方对彼此的需求将减少，这些领域的双边贸易规模预计将降低，双方在国际市场的竞争将增多；随着欧盟不断将价值观理念融入对外贸易领域，中欧在公平贸易和价值观贸易理念上的竞争也将增多。欧盟"绿色新政"的实施将提高我国产品进入欧洲市场的环境标准，部分高碳产品可能被征收碳边境调节税，进而影响我国的对欧出口。绿色发展领域，中欧在绿色技术研发与市场应用方面的竞争将增多，但这种竞争有益于全球绿色技术的进步，加快各国经济社会绿色化转型步伐。数字经济领域，中欧都在推进各自在这一领域的规则标准、监管框架建设，双方在这些方面存在竞争。制造业领域，随着中国产业转型升级步伐加快，在高附加值和高技术制造业领域与欧盟的竞争将加大。投资领域，欧盟安全审查的增多预计将使中欧投资争端增多。

三、中欧利益关系三大支柱：贸易、能源、制造

中欧利益关系涉及面广、互补性强、融合度深。随着全球经济形势快速演变，欧盟在贸易、能源、制造三大领域面临严峻挑战，能否妥善应对这些重点挑战对欧盟而言至关重要。在当前全球经济增长放缓与脆弱性上升、欧洲经济深陷困境的背景下，要以贸易、能源、制造作为双边利益关系支柱，重塑中欧利益新格局。

（一）抓住重塑中欧贸易、能源、制造竞合格局的"窗口期"

中欧利益关系正走在一个新的路口。当下，尽管中欧关系遭遇波折，但中欧关系依旧保持强大的韧性，中欧利益关系存在重新塑造的现实基础和战略运筹空间，双方应抓住当前贸易、能源、制造领域竞合的"窗口期"，充分发挥"加速器"与"稳定器"功能，深挖潜力，释放动能，共同做大市场蛋糕。

1. 全球经济陷入滞胀期，经济衰退恐在欧洲蔓延

受新冠肺炎疫情持续、乌克兰危机等因素影响，全球经济将在未来数年面临高通胀、低增长困境。地缘冲突造成地区经济增长放缓，带来相当大的全球负面溢出效应，放大了供应链瓶颈、通胀飙升等带来的问题。2022年以来，美欧通胀水平维持高位运行并屡创新高，9月，美国消费者价格指数（CPI）同比增长8.2%，核心CPI同比上涨6.6%，欧盟通胀水平更是高达10.9%。在欧元区内部，不少国家通胀率也已经突破两位数的增长。为应对高烧不退的高通胀，包括美联储和欧洲央行在内的全球主要经济体步入了"超级加息周期"，基准利率大幅上升，这进一步压制了各国需求增长，全球经济增速预期大幅下滑。世界银行预计，全球增长率将从2021年的5.7%大幅放缓至2022年的2.9%，2023年至2024年增长率也将徘徊在3%左右。未来数年全球经济增速将保持在2010年至2020年平均水平以下。全球经济可能进入一个长期增长疲弱、通胀高企的时期，"滞胀"风险上升。欧洲经济面临前所未有的困境，西班牙《经济学家报》网站刊发文章称，经济衰退开始在欧洲蔓延，德国经济活动的恶化看起来很像2008年。

内外交困的欧洲亟待寻找新的增长出路,欧洲遭遇重创反而为重塑中欧利益关系提供了空间。

2. 欧盟能源危机加深,全球能源格局调整加速

动荡不安的国际能源安全新常态提供了全新的分析视角,有助于深入认识发展和安全、政府和市场、能源和地缘的关系。乌克兰危机的爆发和持续使全球能源贸易格局出现深刻变化,欧盟面临巨大的能源危机,经济也遭"断气"打击,能源短缺难题使欧洲被迫回归传统化石能源,扩大煤炭使用,想方设法拓宽能源来源渠道,并为此付出了高昂代价。总体来看,乌克兰危机中的美欧俄三方,俄罗斯能源利益受损最大,在全球能源市场的份额会显著下降;美国受益最大,攫取了欧洲能源地缘政治的主导权;而欧洲虽然面临能源危机加深的短期困境,但也可能加速自身能源战略的转型,对欧洲能源格局影响深远。

首先,欧盟能源发展理念从"环保至上"让位于"安全至上"。乌克兰危机引发的能源危机开始让欧洲反思绿色环保主义思潮。正如欧盟委员会执行副主席弗兰斯·蒂默曼斯所言:"若社会因缺能源而乱,环保目标就是空中楼阁。"这体现出欧盟能源政策指导思想从理想主义向"能源新现实主义"和"能源建构主义"转变。面对油气价格高企、传统能源供不应求、绿色能源供应不稳定的严峻形势,欧盟不得不向现实妥协,借鉴美国的"能源新现实主义"理念与政策,乃至人为重构能源标准,为部分不可再生能源开绿灯、贴绿标。

其次,欧盟向绿色能源转型的长期能源战略不变,但"先破后立"的激进式能源转型策略将调整,过度偏重风能、光伏等清

洁能源、排斥化石燃料的能源政策也将改变。欧盟各国的能源战略、策略与政策调整各有特色，总体兼顾各自国情、禀赋与条件。德国、荷兰、丹麦等国重启煤电与发展绿色能源并举，以摆脱对天然气的过重依赖，法国期望通过发展核电补齐能源短板。

再次，为缓解能源危机，欧盟不断拓展能源多元化战略。欧盟力图摆脱对俄罗斯能源依赖的立场日益明确，欧盟提出的"能源独立计划"（REPowerEU）明确表示，要在2030年前逐步摆脱对俄罗斯化石燃料依赖，为尽量降低对俄罗斯天然气依赖，欧洲计划2023年大幅减少俄罗斯天然气的进口量。能源多元化战略包括能源来源多元化、能源形式多样化。

由此可见，新形势下欧盟能源多元化一定程度上有利于中欧积极开拓新的合作空间。例如，在新能源汽车、风电、光伏发电、氢能、CCUS（碳捕获、利用与封存）等多个领域加大双向投资力度；同时双方在绿色投融资、碳排放交易、"一带一路"沿线第三方市场绿色合作等方面也具有广泛的合作空间。

3. 全球产业链重构加快，欧洲制造业外流压力凸显

随着全球经济、政治以及国际关系的深度变革，全球价值链、产业链和供应链正在经历着重大调整，原有的地理分布、利益分配和产业分工都在发生快速变化。受大国博弈、新冠肺炎疫情以及乌克兰危机等因素影响，全球产业链从之前的以效率为主逐步向所谓更加注重安全转变，主要经济体都在推动供应链进行区域化、本土化收缩，以减少中间环节来降低供应链中断风险，增强供应链韧性和安全。欧盟也借"国家安全"之名，调整产业政策，强化欧洲制造业"战略自主"。然而，万事难尽遂人愿。一场地缘

政治冲击彻底改变了欧洲的安全框架，也导致欧洲制造业产业版图出现新的裂变。受高能源价格和成本大幅飙升影响，欧洲制造业企业存在"外逃"动力，大量制造业企业被迫减产、关闭，电气设备、汽车零部件、化学品等行业不得已将订单转移。

制造业外移是无奈之下的被动"自救"。从企业角度来看，真的无限期停产，坐以待毙是不现实的。如果问题在一定时期内得不到解决，它们最终很可能被迫考虑迁出欧洲，去往能源成本更低的地方。欧洲尤其是西欧的去工业化趋势一旦形成，将沉重打击其工业界实力，长远来看，还可能影响到欧洲的未来竞争力。而从政府层面看，遏制制造业外流、避免产业"空心化"风险是欧盟短期内面临的迫切任务。

4. 内生动力与内在诉求强烈，中欧重塑竞合机会窗口来临

大危机催生大变局，大变局带来大机遇。对欧洲而言，日益严峻的经济形势、能源危机、通胀高企、融资成本上升、衰退风险、制造业逃离，甚至部分国家的政局变动正在搅动欧洲大陆，动摇欧盟实现"战略自主"的经济和社会基础。单靠自身力量在短期内难以避免陷入多重困境，迫切需要借助外部力量提振身陷困境的欧洲市场信心、提高对欧盟经济复苏的预期。对中国而言，加强中欧合作，有助于稳定外部市场，助推中国经济持续恢复。同时，扩大对欧合作也是稳定对外合作大局的重要一环。

"开放是中国经济最大的改革"。当前，中国经济正进入新的发展阶段，发挥中国超大规模市场优势，努力成为具有全球影响力的世界市场，已成为构筑我国经济发展新格局的重要基石。中国正坚定不移推进中国式现代化，就是全面贯彻新发展理念，加

快构建新发展格局，着力推动高质量发展，构建高水平社会主义市场经济体制，建设现代化产业体系，推进高水平对外开放，推动经济实现质的有效提升和量的合理增长。

从需求看，当今世界最稀缺的资源是市场。世界经济长期疲弱带来的市场需求萎靡不振，是国际循环最大的堵点。我国已成长为全球第二大消费市场，人均国民收入将迈向高收入国家行列。"十四五"时期，随着我国深入实施扩大内需战略，向全球分享开放发展机遇，超大规模市场潜力将进一步释放，成为全球资源要素的强大引力场。这对欧企而言，同样具有很强的吸引力，势必将为新时期中欧在贸易、能源、制造领域的竞合取得实效创造新空间。因此，重塑中欧的竞合关系，携手合作，管控分歧，不仅为扩大中欧双边投资、增进双边贸易、改善双边关系提供了机遇，也有助于稳定全球大市场，给复苏乏力的全球经济增强动力，为世界提供大国竞争合作的新范本。

（二）贸易、能源、制造成重塑中欧利益格局的有力杠杆

当前，世界之变、时代之变、历史之变正以前所未有的方式展开，经济全球化遭遇逆流，全球开放共识弱化、经济复苏前景艰难曲折，亟须各国凝聚共识智慧，拓展合作范围，提升合作质量，使全球经济早日步入平稳发展的轨道。大变局下，中欧可在抗疫、绿色、数字、金融、科技等领域开展务实合作，特别是加强贸易、能源、制造这三大领域的合作是重塑中欧利益关系的必要之举，也是引领世界格局变革的有力杠杆。

中欧在贸易、能源、制造业领域的巨大合作潜力将有力撬动双边利益关系发展。对双方而言，贸易规模的扩大与质量的提升、能源保障的安全与稳定、制造业的高质量发展在创造就业、稳固经济安全、维持经济核心竞争力、实现经济社会的平稳有序运行中发挥着重要作用，对双方均具有全局性的重要意义。这三个领域竞合所产生的影响相互交织、相互渗透，能够起到"牵一发带全局"的作用，从整体上促进中欧利益关系的平稳发展。

支柱一，贸易领域。经贸合作是中欧关系的"压舱石"和"推进器"。中欧经贸关系不仅是中欧关系的核心部分和双方的主要利益所在，也是整个中欧关系发展的驱动力，是中欧全面战略伙伴关系的基石。新冠肺炎疫情暴发之后，中欧经贸合作逆势而上，展现出强大韧性与澎湃活力。中国和欧盟分别是世界第二和第三大经济体。2021年中国经济总量达17.73万亿美元，欧盟27国经济总量超过17万亿美元，两者相加约占世界经济总量的36%，在世界经济中的地位举足轻重。从长期趋势看，中欧贸易合作是主流，但竞合关系也发生新变化，中欧在贸易领域的竞合将从"互补为主"向"互补与竞争共存"转变。放眼未来，中欧经贸合作前景十分广阔，不仅在货物贸易、服务贸易等传统领域，数字贸易以及绿色贸易等新兴领域也有巨大空间。囿于种种原因，欧盟与我国迄今为止未达成自由贸易协定，这是双方潜力未能充分激发的一个重要原因。此外，中欧还面临新的内外部不确定性。

从外部看，在原有贸易秩序被动摇、新的贸易秩序尚未建立的背景下，全球经贸规则的走势仍存在不确定性，中欧经贸发展也面临着内外部新挑战，国家安全、价值观、民主等成为重塑全球经贸关系的新变量。从内部看,欧盟在对外贸易中也越来越具有保护主义色彩,并将价值观因素纳入欧盟新时期的全球贸易战略之中,如以价值观贸易之名对中国商品设置准入壁垒,在出口管制、企业尽职调查、碳边境税等领域对中国产品进入欧盟市场设置障碍,加大了双边贸易摩擦和冲突的可能性。近段时间,欧洲有人鼓吹"中欧接触无用论""中欧经贸脱钩论"。中欧经贸合作是双方的现实需要,是彼此的机遇而非威胁。因此,要突破各种障碍和干扰,双方都必须付出更大努力。

支柱二,能源领域。乌克兰危机倒逼欧洲加快能源转型,中欧亟待创造绿色合作机遇之窗。面对乌克兰危机带来的能源危机和中长期的减排困境,欧洲不得不暂时拥抱煤炭。同样,在保障能源安全的战略框架下,煤炭稳固了其近期在中国能源发展中的地位。由此看来,中欧都面临类似的路径难题——如何兼顾短期保供和长期减排、协调好煤电和可再生能源之间的关系。这既需要技术上的突破,也需要前瞻性的规划和行动,以及以更包容开放的态度加强双边合作。

能源危机重挫欧盟绿色新政发展,欧盟能源自主和战略自主短期内被显著削弱。但从中长期看,这也将倒逼欧盟坚定地加快能源转型和绿色新政步伐。同时,中国也必须加速能源转型,做好应对绿色门槛的准备,不断完善相关法律法规体系和行业技术标准,稳步推进碳达峰、碳中和进程。中欧要共同做大增量市场蛋糕,拓展能源绿色化转型、可持续发展、碳减排等领域的合作空间。例如,双方在可再生能源,特别是绿氢等领域还有巨大的合作潜力有待挖掘。目前,中国在风电光伏、电动车和电池等领域的生产和消费拥有领先的竞争力，未来应鼓励中欧企业在可再生能源、核电、储能、电动汽车等方面开展技术和市场合作。通过绿色技术领域的良性竞争，不仅有利于双方能源转型进程，也有利于推动全球绿色技术进步。

支柱三，制造业领域。能源价格飙升和高企的通胀水平显著改变了欧盟制造业的成本环境，成本的大幅上升使欧盟多个制造行业竞争优势不再，企业生产经营越发不可持续，倒逼制造企业向外转移。中国具有超大规模市场优势，工业体系完备，产业配套能力强，生产成本也相对较低，能够承接欧盟制造业的转移。

中欧合作是利是弊，深耕中国市场的欧盟企业最有发言权。《欧盟企业在中国建议书（2022—2023）》中指出，"如果中国实施全面市场改革，2050年的人均国内生产总值将达到55 022美元"，"中国仍有巨大的增长潜力，其制造业基础和世界级的产业集群在全球其他地区难以（甚至无法）复制"。即便欧盟制造业转移是短期性、暂时性的，中欧在这一领域的合作也有助于扎紧中欧利益关系的纽带。同时，中国产业升级带来的新能源、人工智能等先进制造业领域竞争能力的增强，也将缩小双方在高端制造业领域的差距，加大彼此在全球市场上的竞争。

第四章[①]

全球贸易大逆风：稳定中欧经贸基本盘

2021年9月，欧洲议会通过《新欧中战略报告》，虽然承认中国是欧盟的合作与谈判伙伴，但仍认为中国正日益成为欧盟的"经济竞争者"和"制度性对手"，呼吁欧盟成员国制定更加自信、全面、一致的对华战略，塑造符合欧盟价值观的对华关系。由价值观贸易借口衍生出的一系列贸易壁垒和措施逐渐成为欧盟对华贸易限制的借口甚至变相"脱钩"的工具。

一、全球贸易秩序站在重构的十字路口

（一）"存量博弈"全球化阶段：全球贸易秩序重构的深层逻辑

当今世界是一个充满动荡的世界，是一个新机遇与新挑战层

[①] 本章由张茉楠博士执笔完成。

出不穷的世界,是一个国际体系和国际秩序深度调整的世界,也使得经济全球化进入曲折发展的新阶段。回顾历史,战后经济全球化大体经历了三个阶段:20世纪50年代至2008年国际金融危机之前,全球化经历了两波增长高峰,增长力量从发达经济体扩展至新兴市场经济体,全球生产活动从传统贸易生产逐渐发展为基于国际分工的全球价值链生产;2008年国际金融危机后,全球化开始进入停滞期,KOF全球化指数①基本停滞,全球贸易开放度不再有显著提高,甚至出现轻微下滑,各国全球价值链参与度也开始下行,支撑低通胀的全球化红利将告一段落,经济全球化由"增量博弈"进入了"存量博弈"阶段。

理论上,博弈有两种,"增量博弈"和"存量博弈"。"增量博弈"是在做大蛋糕的过程中通过博弈获取更多或更少的份额,是一种共赢思维。近几十年里,基于多边开放和各国采取的开放发展战略,经济全球化得到快速的发展,形成了以世界市场为平台的产业分工和在此基础上的供应链运行,而这种产业的梯度分工和升级结构形成一种动态循环;"存量博弈"是蛋糕总份额相对稳定下的各方争夺,是一种零和思维。在"存量博弈"的全球化阶段,各国表现为利益的争夺,多种表现形式的保守主义,以多种方式改变了基于开放理念和规则的市场运行环境,而将贸易问题政治化、价值观化、工具化、甚至武器化则成为这一阶段的突出

---

① 瑞士联邦苏黎世理工学院经济研究所 Jan Sturm 教授及其团队设计发布的 KOF 全球化指数,由经济全球化、社会全球化和政治全球化三个一级指标加权平均得到,分值越高代表全球化水平越高。该指数显示,2007 年之后,经济全球化基本停滞。

表现。

"存量博弈"的全球化阶段，国际经贸秩序已今非昔比。全球保护主义盛行，民粹主义抬头，欧洲极右翼主义等逆全球化思潮兴起表明，建立在"美式全球化"基础上的发达经济体，通过全球化获取超额资本收益的全球跨国资本开始成为对全球化担忧的主体，更加倾向保护主义。近年来出现的各种形式的保护主义、分离主义、孤立主义、排他主义在内的"逆全球化"、甚至是"去全球化"无不严重冲击二战以来的国际经贸秩序。

2016年英国公投脱欧、特朗普当选美国总统，2018年中美贸易摩擦升级，2020年新冠肺炎疫情大流行，2022年乌克兰危机，等等，这些重大变量与"百年变局"相互叠加成为经济全球化"存量博弈"阶段中各种矛盾的"催化剂"，对全球贸易大循环产生了更大的冲击。根据世界贸易组织发布的《世界贸易统计评论（2021）》（*World Trade Statistical Review 2021*）数据，2020年世界商品出口价值下降8%，服务贸易收缩21%，其中旅游和运输服务业分别下降了63%和19%。尽管全球受疫情缓解以及封锁限制放缓因素影响，2021年全球贸易总额达到创纪录的28.5万亿美元，比2020年增加了25%，比2019年新冠肺炎疫情暴发前高出13%，但这一趋势并未在2022年得以延续，乌克兰危机催生新的地缘政治危机、供应链断裂、高通胀、欧洲能源危机等连锁性再次重创全球贸易（见图4-1）。根据世界贸易组织预测，由于全球经济遭受多重冲击，2022年下半年全球贸易增长将失去势头，低迷状态将一直持续到2023年，全球商品贸易额增长将放缓至1%。

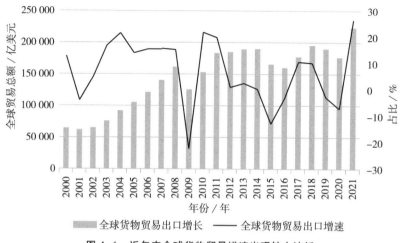

图 4-1 近年来全球货物贸易增速出现较大波折

数据来源：WTO

（二）全球贸易秩序重构之变：将价值观标准强加到经贸领域

就其本质而言，商品、资本和人员的自由流动是全球化繁荣的基础，一切阻碍各类要素自由流动的力量无异于是对全球化的巨大挑战。因此，当一些国家将价值观与贸易政策联系起来，通过所谓"价值观贸易"来行使保护主义之实的时候，注定更大范围内的贸易摩擦、冲突、碰撞将不可避免。而作为重要外部环境约束，对于已经深度融入经济全球化的中国而言，也带来了前所未有的严峻挑战。

旧秩序受到侵蚀，新秩序尚未确立。近年来，在全球新冠肺炎疫情大流行、地缘政治冲突、大国竞争的三重压力下，贸易自由化正面临前所未有的挑战，全球经贸规则正处于关键的十字路口，未来全球经贸规则的走向和趋势仍未完全确定，正处于剧烈的重构之中。经济和政治两大因素一直主导贸易规则的演变。从全球经贸规则演变方向看，也存在着这两种力量之间的竞争博弈。

其中一大趋势是"高标准自由贸易"体系。2018年以来，全球范围内先后有CPTPP、EPA、RCEP等超大自贸协定签署。在新一轮国际经贸规则构建过程中显现的全方位覆盖、多元化领域、高质量高标准等特点，以及在原产地规则、知识产权保护、服务业开放、数字贸易、环保劳工、竞争政策和国有企业等方面展现的变革趋势。尽管国际经贸规则中发达国家与发展中国家利益诉求与博弈在增强，但总体而言，这类区域经贸协定兼具统一性与包容性，主要是在世贸组织框架下非歧视性原则基础上发展起来，仍属于既有非歧视的自由贸易体系范畴之内。

另一大趋势是"价值观贸易"体系，即通过所谓的民主、人权、国家安全以及ESG（环境、社会和治理）准则等来重塑全球经贸规则。2022年，欧洲议会通过了欧盟ESG立法并正式生效，这意味着欧盟将引领全球ESG监管进入新时代。"基于价值观的集团化"正成为当前国际贸易的新趋势。百年大变局引发不同文明和不同思想文化相互激荡，意识形态、价值观与制度模式的较量不仅没有消失，反而使较量的领域更广泛、方式更多样、形势更复杂。大国之间的竞争加剧，以及地缘政治因素影响扩大，使得国际贸易的规则基础从经济因素走向非经济因素。我国在推进国际秩序变革进程中正日益面临中西方秩序观念的激烈碰撞、不同文明排他性文化导致的"意识形态壁垒"等严峻挑战。拜登政府执政后，进一步强化意识形态阵营划分，在对华竞争中突出价值观因素，除了沿袭民主党一贯的理念偏好外，更有对内动员民众支持、对外拉拢盟友等实际的政策考虑。而欧盟也将价值观作为"规范性力量"加以放大，服务于对华开展战略竞争和博弈的需要。

价值观贸易是将经贸问题政治化的突出表现，其主要特征可概括为三个方面：其一，从基于效率导向转向基于安全导向，经济效率将不再是贸易关系的最主要驱动力，对共同价值观和地缘战略兼容性的需求现在将越来越多地影响贸易流向，强调"价值观挂帅"，将贸易问题政治化，以西方价值观为先决条件，"非友莫入"；其二，弱化多边贸易体制，通过推行价值观同盟来寻求对全球规则的主导权；其三，强化以国内法律和长臂管辖来取代国际法律和规则框架。近年来，美欧等西方国家提出的所谓"价值观贸易"名义上更具合理性，但形式上却更具隐蔽性，战略上更具进攻性和排他性，并以所谓意识形态和价值观认同作为经贸合作的"门票"，借此形成对他国的战略打压与遏制。

过去十多年里，全球有识之士虽然不断在呼吁协商共建全球贸易新规则。然而，我们所看到的是旧体系持续崩塌，区域主义开始全面取代多边自由主义。同时，也未如理论所预测那样，使区域主义成为多边主义的"中转站"。更为重要的是，意识形态和地缘政治主导的区域主义还是使规则政治化、集团化和工具化。安全意识的全面兴起，开始全面重构全球产业链、供应链、价值链，并使之变得更短、更窄，更缺乏效率。本质而言，各国基于比较优势参与国际分工是最具效率的状态。价值观贸易基于非经济因素和所谓的"安全"因素，将严重影响全球贸易分工体系的效率，进而损害全球共同利益。

二、欧盟战略转向下的价值观贸易

贸易曾经是欧盟十分有力的工具之一，是欧洲经济繁荣和竞争力的核心。然而，近些年来，欧盟加快推动以价值观为基础的贸易政策转向，非经济因素成为重点考量，对贸易附加条件，价值观贸易成为一种保护主义工具，甚至进攻型工具。例如，欧盟以所谓新疆"人权"为借口对中国经济实施制裁，强制冻结了磋商过程长达7年，经历了35轮谈判的《中欧全面投资协定》。欧盟价值观贸易战略转向对几十年来以经贸为纽带的中欧关系将是具有深远影响的全新考验。

（一）欧盟价值观贸易战略转向背后的驱动力

价值观一直是中欧关系中深层次的非对称因素，长期以来都在不同程度地干扰中欧关系的发展。在不同的历史阶段，欧盟赋予其不同的重要性，采取不同的政策方法，推行其主张的人权、民主和法治等价值观。近年来，欧盟不断强化制度和模式竞争。事实上，欧盟通过给中国贴上"制度性对手"的标签，为其实施保护主义的经济政策赋予合法性，使之在与中国的经济竞争中处于更为有利的地位。

1. 世界大变局催化欧盟对外贸易战略调整

近年来，随着国际格局和地缘政治复杂嬗变，没有大国的欧洲危机感上升，迫切希望维护多极世界，并将自身确立为其中的稳定一极。在全球战略竞争加剧和世界经济多极化趋势加速发展的背景下，欧洲倾向于通过"战略自主"，全面推进"主权欧洲"

战略，在全球政治中扮演更重要的角色。欧洲一些人士甚至认为，只有将国家利益至上原则转化为欧盟利益至上原则，方能提升话语权，主动参与塑造国际环境，避免在大国竞争中被边缘化或是被迫选边站队，避免被动接受其他大国力量的战略决策，因此，其对外战略出现重大变化。

依靠欧洲在过去两个世纪塑造全球议程中长期积累的制度、价值观、文化和人力资源优势，再加上欧洲因自身一体化而总结出的国际治理经验，欧盟依然希望成为塑造国际秩序的"规范性权力"。在经贸领域，欧洲将多边主义、公平贸易、保护人权和环境可持续等欧洲模式、理念和价值观植入其中，旨在将"软实力"这一规范性力量升级为贸易政策工具。2015年10月，欧盟委员会发布贸易政策沟通文件《贸易为了所有人：迈向更负责任的贸易和投资政策》，重点阐释了责任、价值观与透明度在欧盟贸易中的必要性，用以指导欧盟委员会进行多边贸易体系重整、双边与复边贸易合作、实现贸易增长和欧洲价值观传播等各方面工作。

与此同时，近年来在部分成员国建设"保护性欧洲"论调的推动下，欧盟也效仿美国基于关键基础设施、先进技术、产业政策和政府控制等因素评估国家安全的种种做法，在贸易、竞争、供应链和市场准入等领域不断强化监管机制，实施保护主义色彩浓重的政策工具。

由此，随着世界格局与经济秩序的动荡重组，欧盟将自身从最初的"文明力量"到后来的"规范性力量"，直到现在正把自己打造为一支新型的"地缘政治力量"，这不仅标志着国际环境和与欧盟内部变化共同塑造下的身份再定位，也对欧盟对华战略调整影响深远。

一方面，欧盟强调以"规则为基础"，以统一大市场为杠杆，推动"对等开放"，其目的是保护自身战略产业，推动欧洲标准和规则，保护欧盟的利益和价值，进而愈发走向防御性。另一方面，由于英国"脱欧"导致一体化受挫，欧盟强化对外区域经济整合的积极性增高，并通过拓展双边经贸伙伴关系，以双边标准压多边标准。强调欧盟价值观在双边贸易投资协定谈判中的引领性作用。

长期以来，欧盟将"市场开放"作为其基本价值观准则，致力于编织一张以欧洲为中心的全球贸易网络，推广欧洲价值观与治理模式。作为世界最大的贸易实体之一，欧盟保持全球74个经济体最大的贸易伙伴地位。2008年国际金融危机后，欧盟加速推进第二代自贸协定，为其对外货物贸易年均增长5.8%提供了制度性保障。近年来，欧盟全面加大与区域之外的经贸整合。除了与近邻国家整合之外，在跨区域结盟并推动"东进政策"方面，也取得了积极进展（见表4-1）。欧盟与中南美洲的智利、墨西哥、秘鲁和哥伦比亚，非洲的南非、喀麦隆，北美洲的加拿大以及亚洲的韩国等双边FTA[①]均已生效；与新加坡、越南、日本以及由巴西、阿根廷、巴拉圭、乌拉圭等国组成的南方共同市场（MERCOSUR）FTA也已签署；同时正在与美国、新西兰、澳大利亚、海外合作联盟、印度等经济体FTA展开谈判，成为推进全球FTA最多的经济体（见图4-2）。欧盟加大跨区域贸易整合，

---

① FTA：自由贸易协定（Free Trade Agreement）

更多是为平衡中美角力的战略考虑，尤其是《欧盟—加拿大综合性经济贸易协定》（CETA）和《欧日经济伙伴关系协议》具有长远的战略考量。

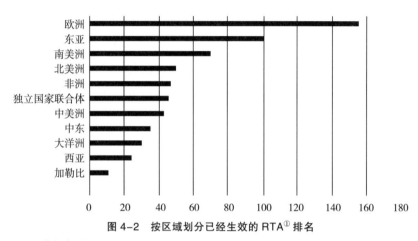

图 4-2 按区域划分已经生效的 RTA① 排名

数据来源：WTO RTA Database

表 4-1 欧盟与世界部分国家或地区的贸易与投资协定概况

谈判状况	国家与地区	贸易协定概况
已经生效	加拿大	2016 年欧盟同加拿大签订了《全面经济贸易协定》（Comprehensive Economic and Trade Agreement, CETA），于 2017 年 9 月 21 日临时生效，待部分欧盟成员国议会批准后即可完全生效
	韩国	《欧盟—韩国自由贸易协定》，2007 年启动，2011 年生效，2015 年 12 月正式批准
	墨西哥	欧盟与墨西哥于 2000 年达成自贸协定。2016 年 5 月，双方启动"升级版"自贸协定谈判，2018 年 4 月达成原则性协议，2020 年 4 月 28 日欧盟宣布与墨西哥完成谈判，只待双方各自完成立法程序，协定正式生效

---

① RTA：区域贸易协定（Regional Trade Agreement）

续表

谈判状况	国家与地区	贸易协定概况
已经生效	日本	《欧盟—日本经济伙伴关系协定》(EPA) 2017年12月8日完成协商，2019年2月1日，欧盟与日本之间的自由贸易协定正式生效
	越南	2018年《欧盟—越南自由贸易协定》谈判结束，2020年6月8日获越南国会表决通过，2020年8月1日起生效
	新加坡	2018年10月19日，欧盟与新加坡正式签署《欧盟—新加坡自由贸易协定》(EUSFTA)，协议于2019年11月21日生效
	南方共同市场（Mercosur）	2010年欧盟与Mercosur重启贸易协定谈判，2012年委内瑞拉加入南方共同市场，并成为双方贸易协定协商谈判的观察员国。2019年6月28日，双方签署新的贸易协定
谈判中	澳大利亚	2018年5月，欧盟与澳大利亚双方启动最新的FTA谈判
	中国	《中欧全面投资协定》(CAI)达成，但因双方相互制裁处于冻结状态
	美国	《欧美跨大西洋贸易与投资伙伴关系协定》(TTIP)，2013年7月启动首轮谈判，目前已陷于停滞
	英国	欧盟和英国于2020年3月2日开始双方未来关系首轮谈判，预期将于2023年年内完成谈判
	印度	2007年启动谈判，欧盟认同印度的经济发展速度与市场潜力，但双方贸易协定未取得任何进展
	非洲、加勒比和太平洋国家（ACP）	包括西非、中非、东南非（ESA）、东非共同体（EAC）、南非发展共同体（SADC）、加勒比论坛（CARIFORUM）和太平洋七个区域集团，大部分国家与欧盟的经济伙伴关系协议均未生效，或谈判未启动

资料来源：欧盟委员会；http://ec.europa.eu/trade/policy/countries-and-regions.

2. 中欧经济"错肩期"致欧调整对华经贸战略

当今世界正经历百年未有之大变局，大国力量此消彼长，欧盟综合实力下滑，对华警惕防范意识日益上升，其本质上是欧盟因中国实力和影响力快速上升做出的应激反应，这必然会影响中欧经贸关系的平衡性。

欧盟在全球经济体中的地位不断下降。除了长期的低生产增长率之外，为应对2008年国际金融危机、2010年欧洲主权债务危机而收紧的货币刺激政策和财政紧缩政策，在漫长的危机中进一步加重，实际上也使得欧洲经济增长远远落后于世界上较为活跃的经济体。

根据世界银行数据测算显示，2000—2020年，中国在全球经济总量中所占的比重由3.5%提升至17.5%，提升了14个百分点，而美国所占比重则由30.1%下降至24.6%，下降了5.5个百分点；欧盟占世界比重由24.4%下降至17.8%，下降了6.6个百分点；日本所占比重更由14.6%下降至5.9%，下降了8.7个百分点。世界银行世界发展指标（WDI）也显示，2013—2021年，中国对世界经济增长的平均贡献率达到38.6%，超过七国集团（G7）国家对世界经济增长的年均贡献率25.7%，是推动世界经济增长的第一动力①。

中国制造业增加值从2012年的16.98万亿元增加到2021年的31.4万亿元，占全球比重从22.5%提高到近30%，持续稳步增长（见图4-3），并连续12年保持世界第一制造大国地位。2021年，中国制造业增加值4.86万亿美元，远超美国的2.2万亿美元，占全球比重由2010年的18.2%提高到近30%，相当于美国（16%）、德国（7.4%）、日本（5.2%）三国之和，在全球占有绝对优势（见表4-2）。联合国贸易和发展会议（UNCTAD）数据显示，全球商品进出口总规模中，中国产品的比重从2019年的13%

---

① 国家统计局发布的《党的十八大以来经济社会发展成就系列报告之十三》http://www.gov.cn/xinwen/2022-10/02/content_5715614.htm

扩大至2021年的15%，在新冠肺炎疫情全球大流行期间，全球贸易对中国的依赖程度日渐上升。相反，过去两年间，其他国家产品在全球贸易中所占比重均有所缩水，德国产品比重从7.8%降至7.3%，日本和美国产品分别从3.7%和8.6%缩水至3.4%和7.9%。在新冠肺炎疫情席卷全球的背景下，口罩、新冠自测试剂盒等医疗用品，以及电脑、运动器材等享受"疫情红利"的产品依赖中国制造的程度提高。

中国在汽车、能源、重型装备等高附加值制造业领域持续加大投资，在全球市场中的影响力日益上升。2022年，中国汽车出口突破300万辆。2022年上半年，太阳能电池出口额达259亿美元，较去年同期翻一番。国际分析机构TS Lombard甚至称，在高附加值领域，传统制造业强国德国的市场份额正在被中国一步步"蚕食"。

表4-2　2021年世界主要经济体的制造业增加值及其占全球比重

序号	国家	增加值／亿美元	增加值的全球占比／%
1	中国	48 658.2	32.3
2	美国*	23 847.3	15.8
3	日本*	10 140.8	6.7
4	德国	7 722.5	5.1
5	韩国	4 566.0	3.0
6	印度	4 465.0	3.0
7	意大利	3 198.4	2.1
8	英国	2 793.9	1.9
9	法国	2 698.0	1.8
10	俄罗斯	2 569.6	1.7
11	墨西哥	2 321.1	1.5
12	印度尼西亚	2 283.2	1.5

续表

序号	国家	增加值/亿美元	增加值的全球占比/%
13	爱尔兰	1 843.1	1.2
14	土耳其	1 792.3	1.2
15	西班牙	1 614.3	1.1
16	巴西	1 551.9	1.0
17	瑞士	1 531.3	1.0
18	泰国	1 366.8	0.9
19	波兰	1 166.7	0.8
20	荷兰	1 104.6	0.7
20 国合计		127 235	84.5
世界*		139 823	100

数据来源：世界银行（The World Bank）

* 美国、日本 2021 年工业增加值为按五年增长率测算数据；世界总量为可得数据的 180 个经济体工业增加值总值。

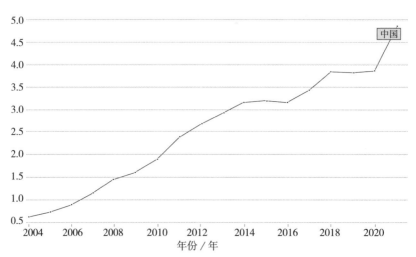

图 4-3　全球大制造业比拼：十年来中国制造业增加值持续增长

数据来源：世界银行（The World Bank）

而相比之下，欧盟在经历过 2008 年国际金融危机和 2010 年欧洲主权债务危机后，欧洲内部矛盾叠加，经济增长陷入停滞，其经济总量占全球GDP比重持续下滑，2020年降至18%。根据普华永道发布的《2050年的世界》报告预测，2050年，全球经济权力将从七国集团（G7）转移到以E7（中国、印度、印度尼西亚、巴西、俄罗斯、墨西哥、土耳其）为代表的新兴市场国家，欧盟27国全球经济总量占比将跌至9%，而德国将成为全球前十大经济体中唯一的欧盟国家。数据显示，2021年中国经济规模突破114万亿人民币，约合17.73万亿美元，已超过2021年欧盟27国经济规模的14.47万亿欧元——折合美元为17.09万亿美元，成为世界第二大经济体。

中欧"错肩期"让欧盟对华竞争意识和危机意识更为强烈。中欧双方的力量对比出现结构性变化，中欧关系逐渐演变为一对平等的伙伴关系。面对中欧实力日益趋近均衡的现实，欧盟在很大程度上产生了对华战略焦虑，对等竞争的意识明显增强，欧盟表现出很强的因自身从双边优势地位下落至平等地位而产生的不适应症状。尤其在经贸、产业和科技领域，欧盟改变了"经济归经济、政治归政治"的做法，寄希望通过价值观、制度、甚至意识形态等非经济手段来抵消中国力量上升的"实力筹码"。

3.美国是影响中欧利益关系的关键结构性因素

美国一直是影响中欧利益关系的结构性因素。欧洲受到中美战略竞争"刺激"而被迫进入活跃的"反应期"，希望占据国际战略变局中有利地位，并可能采取对抗、竞争与合作"三轨并行"的对华路线。从某种程度上而言，美国对华经贸政策负面因素越多，中欧经贸关系发展空间也将越小。联盟体系是美国霸权战略的重要支撑，是其实现长期"领导世界"的重要手段，更是遏制中国的重要工具，被称为"力量倍增器"。拜登政府强调要与欧洲盟友共商对华外交政策的"共同利益"。欧盟则提出《全球变局下的欧美新议程》，称重新制定跨大西洋和全球合作新议程是"一代人难得"的可以结成新联盟来应对中国崛起的机会。2021年3月，美国大西洋理事会发表《对华计划：跨大西洋战略竞争蓝图》报告，提出了非常清晰的对华战略竞争路线与对策。

共同价值观是美欧关系的重要基础之一。拜登上台后，在政策理念方面，更加强调对华价值观竞争，强调西方的所谓"民主价值观共识"；在合作模式方面，加紧恢复已出现裂痕的跨大西洋伙伴关系，延续了"印太战略"框架，扩展亚太联盟体系。在手段策略方面，拜登政府高举"联合世界民主国家应对共同威胁"的旗帜，以放宽防务分担要求、价值观外交等为工具，与欧洲盟友等伙伴国家协调对华政策，强化美国领导的"民主国家联合体"，这是强化欧盟价值观贸易的一个关键的外部变量。

为巩固跨大西洋伙伴关系，应对所谓的贸易竞争和科技威胁。2021年9月，美欧组建"美欧贸易和技术委员会"，并在首次会议上发布联合声明宣布，双方将捍卫"民主价值观"并深化跨大西洋伙伴关系，再次强调将在技术标准、技术安全和竞争力、供应链安全、威胁安全和人权、投资筛选监管以及全球贸易等领域合作应对所谓的"挑战"。由此可见，美欧正试图共同构建针对中国的全方位经贸科技政策"工具箱"。

（二）欧盟价值观贸易战略的特征表现

2021年2月，欧盟发布新贸易政策文件。这份冠名为"开放、可持续和坚定的贸易政策"文件,较为清晰地展示了欧盟未来十年贸易政策的三大核心目标,以及为实现三大核心目标所需要聚焦的六方面行动。新版贸易战略不仅反映了欧盟在后疫情时代贸易行动的发力点,通过在多边贸易体制中占据主动、获取未来增长领域竞争优势、坚定维护欧盟内外部市场利益,更凸显了价值观贸易在其对外贸易战略中的主导性。

1.欧盟对华经贸政策出现"地缘政治化"倾向

世界大变局推动欧盟对其国际角色再定位。欧盟不甘心仅扮演贸易和经济行为体,成为一支地缘政治力量的愿望与日俱增。近年来,欧盟对华战略转向加速推进,"全球门户"计划、欧洲版"印太战略"、跨大西洋合作加速外交转型。2021年9月和12月,欧盟先后发布《印太合作战略》和《全球门户》政策文件,这也是欧盟委员会倡导的"地缘政治欧委会"在对华政策上的具体体现。按照欧盟委员会的说法,"全球门户"计划除了争夺互联互通规则的主导权,继续强调基于规则的、透明的、可持续的互联互通,推进基建、能源等传统领域,以及数据、产业链、供应链甚至社会体制、机制等互联互通之外,还强调价值观。也就是说,欧盟将遵守民主、人权、法治等所谓"普世价值"作为先决条件,极力防范甚至排斥价值观异质的合作伙伴。

2.欧美互动随着对华政策持续调整而加强

近年来,美欧各层次之间应对"中国挑战"的对话与政策讨论更趋热烈,覆盖的内容更加广泛。早期,美欧更多在经贸等领域形成议题联盟。比如,在WTO框架下推进发展中国家认定规则改革,产能过剩、国企改革、产业补贴、劳工议题等达成共识,而此后，美欧对华政策协调越来越机制化。2021年3月，美国智库大西洋理事会发表了《对华计划：跨大西洋战略竞争蓝图》报告，提出了清晰的对华战略竞争路线与对策。拜登政府更为跨大西洋关系重塑和对华政策"合流"提供了新的动力，双方重启了"中国问题"对话机制，并已进行了两次高层对话。例如，在TTC等新平台基础上，美欧围绕贸易、技术、安全与全球治理等议题协调对华共识并采取更加一致的行动。在协调过程中，欧盟与美国对华政策趋同成分越来越大，但欧盟仍然保留了对华政策的独立性，以及对华自主合作的空间。

3. 欧盟在经贸战略上强化竞争并寻求摆脱对华依赖

欧盟不断强化其竞争政策，力图在双方技术竞争中保持既有优势，且呈现外溢化倾向，试图摆脱对华经济依赖。

从政策走向看，近年来，随着"欧盟扩围"，部分"新欧洲"成为"老欧洲"产业转移的目的地。中东欧凭借其区位、成本优势，以及欧盟成员国身份的政治便利成为欧洲企业分散化调整的目的地之一，包括将汽车制造业转移到中欧国家，如匈牙利、捷克和斯洛伐克。这些中欧国家成为新的"欧洲工厂"。

从市场力量走向看，全球生产网络由"离岸生产模式"转向"近岸生产模式"，"友岸生存模式"成为新趋势。欧洲企业对脱离或降低与中国市场联系尚有犹豫，但部分企业"脱钩"意愿正在加强。在中美博弈和中欧关系日趋复杂的背景下，欧洲企业一定程度上对中国市场的稳定性和可预期性信心在下降。特别是受供应链产业链布局的"政治化""安全化"考量影响，开始采取"中国+1"的产业链多元化策略，保留在华生产营销基地，同时在印度或东南亚等近期开展重点合作的地区设立第二基地。

从区域贸易协定走向看，通过加强与重要区域协定的联系，稳定欧盟在全球经贸中的关键角色。欧盟已经与越南签署《欧盟—越南自由贸易协定》(EVEFA)，已于2020年7月正式生效。该协定生效的第一年，欧盟将取消85.6%的越南商品进口关税，同时，欧盟、越南将分别在第7年和第10年内取消99%以上的双向出口关税。此外，欧盟"印太战略"旨在推进多元和全面的地区合作议程，欧盟还抓紧同印度尼西亚、菲律宾、泰国进行自贸谈判，力求打造对中国"备份"和"替代"的产业链供应链体系。

三、欧盟价值观贸易战略下中欧深入竞合

（一）欧盟不断充实价值观贸易工具箱

价值观贸易引发的贸易摩擦呈现出两大特征：一是贸易摩擦的形式多样化，且隐蔽性不断增强；二是贸易摩擦的领域和范围不断扩大，贸易摩擦向体制层面靠拢。近些年来，欧盟采取了（或试图采取）诸多措施，如出口管制、企业尽职调查法案、碳边境税、国企补贴调查、供应链法等来充实价值观贸易工具箱。

1. 全面系统升级出口管制措施

2021年，欧盟理事会通过《欧盟两用物项出口管制条例》(简称《管制条例》)并正式生效，至此欧盟两用物项出口管制全面升级。这个名为《建立欧盟控制两用物项的出口、中介、技术援助、过境和转让的管制制度》的条例将取代2009年第428号条例——《建立欧盟控制两用物项的出口、转让、中介和过境的管制制度》，

授权成员国可以基于国家安全、人权等因素对电子监控物项出口自主实施管控。此外，管制条例还鼓励欧盟就出口管制同第三方国家加强合作。考虑到欧盟管制物项清单同美国出口管制条例（EAR）中的商业管制清单（LLC）分类标准相同，这可能会推动欧美联合限制对华出口关键技术和产品。

2. 大幅提高外资审查范围和准入难度

2020年，欧盟及成员国以应对疫情为名加强外资审查，欧盟委员会发布《有关外商直接投资和资本自由流动、保护欧盟战略性资产收购指南》，指导成员国出台外资审查制度。目前，西班牙、法国、德国、捷克、意大利、波兰等成员国现已出台或修订了本国外资审查法律。2021年以来，成员国强化外资审查的步伐仍未停止，审查力度不断加强，德国修订了本国外资审查制度，扩大审查范围、降低审查股比门槛；捷克和斯洛伐克以《欧盟外资审查条例》为蓝本制定本国外资审查制度。截至2021年12月，欧盟已有18个成员国制定外资审查机制，4个成员国正考虑采取相关措施，5个成员国尚未制定外商直接投资审查制度，包括中企在内的外资企业在欧盟投资将面临更大范围的外资审查（见表4-3）。

表4-3 欧盟各成员国制定外资安全审查制度的情况

已制定外资审查制度成员国	正在制定外资审查制度成员国	未指定外资审查制度成员国
奥地利、丹麦、芬兰、法国、德国、匈牙利、意大利、拉脱维亚、立陶宛、荷兰、波兰、葡萄牙、罗马尼亚、斯洛文尼亚、西班牙、捷克、斯洛伐克、马耳他	比利时、爱沙尼亚、爱尔兰、瑞典	保加利亚、克罗地亚、塞浦路斯、希腊、卢森堡

资料来源：根据欧盟成员国官方资料整理

受外商投资审查趋严和地缘政治等因素影响，近些年，多家中国企业在欧盟投资受阻，中国投资者对欧盟对外直接投资（OFDI）流量和存量双减显著，尤其是中国国有企业对欧投资出现较大下滑。其中，中国民营企业在2021年继续主导了在欧洲的投资，总投资额为93亿欧元，占总投资的88%，比2020年提升了5个百分点。然而，国有企业投资额却从2020年的14亿欧元降至2021年的13亿欧元，占总投资的12%，下降了10个百分点，为2001年以来最低。2022年上半年，中国对欧并购金额为52.4亿美元，同比下降50%，主要投向荷兰、英国和意大利，占中企在欧洲宣布的并购金额的80%。

此外，欧盟在外资审查、反垄断审查等举措之外，还新设外国补贴审查，这是以竞争规则之名加强对外资的干预，实质是以公平之名设置了新的保护主义壁垒。2021年5月5日，欧盟委员会发布的《针对扭曲内部市场的非欧盟成员国补贴的条例草案》中规定的外资企业接受外国补贴审查的义务，实质上导致了外资企业和欧盟本土企业的义务不对等，客观上赋予了欧盟本土企业额外的竞争优势，违反了国民待遇和非歧视原则。

3. 强化数字/绿色治理的价值观色彩

欧盟通过主导国际规则的制定以加强经济主权并提升国际影响力，将价值观、政治理念融入规则制定中。在数字领域，欧盟《通用数据保护条例》（GDPR）在全球范围的影响力不断增强，世界各国向欧盟标准积极靠拢。近几年，日本、韩国、印度等均积极申请认证。日本已通过立法改革和双边承诺晋级"白名单"（GDPR框架下的"充分性认证"，又称白名单）。在GDPR年度评估中，德国、比利时等成员国都提出应扩大"白名单"的范围，与更多的国家达成充分性决议，欧盟"数据法律帝国"已现雏形。GDPR 同样采用了美国"长臂管辖"的做法，按照 GDPR 的规定，不管企业是否实际在欧盟境内设立营业机构，只要提供的产品或服务与欧盟成员国及国民的利益相关，则欧盟有权依据 GDPR 规定对企业展开合规性审查。与此同时，强调与价值观相同的贸易伙伴探讨更紧密的数字贸易监管合作，推动国际数字规则全球框架形成和完善。

在绿色领域，以欧盟和美国为代表的部分发达经济体加紧设置绿色贸易规则。2022 年 6 月，欧洲议会正式通过"碳边境调节机制（CBAM）"的提案修正案文本，这意味着欧盟"碳关税"政策成型。欧盟提议设立 CBAM，将气候变化问题与贸易问题捆绑在一起，"碳倾销""碳补贴""碳保障措施"都可能变相出现。同时，欧盟强调对核心人权和劳工权益的尊重，推动对环境、人权和劳工在内的强制性尽职调查的立法提案，客观上对我国贸易出口形成了绿色"规锁"。此外，欧盟碳交易市场碳配额价格与我国碳交易市场碳配额价格之间较大的差价可能在未来让出口企业背上沉重的碳关税负担。若欧盟将碳关税适用范围拓展至所有行业且将间接排放纳入含碳量计算时，电气机械、交通运输设备等对欧出口金额较大的产品类别可能面临 6—8 个百分点的等值关税上升，对欧盟的贸易出口总额可能将下降约 20%，这势必大幅抬高我国贸易出口的成本。对于中国这样的发展中大国，需要明确强调适当的绿色环保水平，欧盟等发达国家利用规则主导权强迫中国等发展中国家接受过高的环保标准，强调"绿色"而损害"发展"的主张和做法,不符合联合国气候谈判中有关发达国家与发展中国家"共同但有区别责任"的原则。中国在全球绿色贸易中突破"规锁",维护发展中国家权益,提高绿色贸易话语权还任重而道远。

4. 积极发挥全球标准监管影响力

欧盟是全球性标准制定和监管推广实施方面的重要经济体。过去几十年间,欧盟主导了国际标准化组织(ISO),在帮助欧洲企业进入全球市场、消除贸易壁垒和支持监管趋同方面发挥了重要作用。欧盟在国际标准领域的较强影响力,外加欧盟统一大市场的"布鲁塞尔"效应,使得欧盟的高标准监管规则和政策目标通过供应链被欧盟的贸易伙伴自动接受。但是随着新科技革命的迅速发展以及标准监管领域新力量的崛起,欧盟对域外市场的影响力逐渐减弱,但其价值观贸易战略将通过加强与美国等价值观相同贸易伙伴在事关欧盟竞争力的战略领域的监管对话而进一步提升其国际标准的影响力。

(二)后默克尔时代德国对华战略走向成关键

1972年10月11日,中国与联邦德国正式建立外交关系。50年后的今天,中国与德国双边贸易规模增长近千倍,双方经济、社会、文化互动关系的紧密程度,已大大超出了人们之前的想象。然而,两国关系面对的挑战也越来越大。

多年来,在默克尔的领导下,德国一直视中国为重要的经济合作伙伴,经贸议题成为主导中德关系的基石。然而,随着欧盟对华整体战略转向以及德国大选重新洗牌,德国新政府也在重新定义对华关系。当前，德国社民党、绿党、自民党三党组阁，称"红绿灯"联合政府①，用新政府自己的语言表述："'不是改变、变更，而只是调整'，即，没有计划完全改变对华政策，但将呈现比'红黑'联合政府更加自信、更开放、更直接的姿态"。后默克尔时代的对华政策显然不再是直通车，而可能是定向的曲径之道。在政党洗牌的背景下，地缘战略挑战、经济竞争，以及价值观等开始成为对华政策的重要议题（德国大选时期各政党竞选纲领和对华政策，详见表4-4）。

表4-4 德国大选六大政党对华政策主张比较

政党名称	联盟党(CDU/CSU)	社民党(SPD)	绿党(Greens)	自民党(FDP)	左翼党(LINKE)	德国选择党(AfD)
进一步发展欧中战略	✓	✓	✓	✓	—	—
增强欧洲竞争力，特别是在数字化和科技领域	✓	✓	✓	✓	—	—
公平的经济关系	✓	✓	✓	✓	—	✓
保护网络、数据和高科技免受中国影响	✓	—	✓	✓	—	—
批准《中欧全面投资协定》(CAI)*	—	—	✗	✓	—	—
打造"一带一路"的欧洲替代方案	✓	—	✓	✓	—	✗
加深跨大西洋理解(✓)，明确利用跨大西洋合作对抗中国(✓✓)	✓✓	✓	✓✓	✓	✗	—

① 社民党代表色为红、绿党为绿、自由民主党为黄，简称红绿灯联合政府。

续表

政党名称	联盟党(CDU/CSU)	社民党(SPD)	绿党(Greens)	自民党(FDP)	左翼党(LINKE)	德国选择党(AfD)
与中国在气候问题上的合作	⊖	✓	✓	⊖	⊖	⊖
拓展印太关系	✓	⊖	✓	✓	⊖	⊖

✓：政党持支持立场；⊖：竞选纲领中未提及；✕：政党持反对立场
* 绿党反对《中欧全面投资协定》在现有框架下被批准；自民党同意在相关修改后通过《中欧全面投资协定》

资料来源：墨卡托研究所（Merics）

在德国新政府的施政纲领中，"多边主义"居于德国外交的核心地位。但事实上，此"多边主义"已非彼"多边主义"。2021年5月，德国政府颁布的《多边主义白皮书》称：德国的多边主义是基于价值观的多边主义。为此，德国将推动美国与欧洲合作以鼓励发展更强监管标准的服务贸易，重视G7等所谓"志同道合"的多边主义机制，主导未来全球贸易规则的制定，在经贸合作中注入价值观因素，以多边规则制约中国的发展。

传统的德国对华政策是所谓"建设性接触"（Constructive Engagement）战略，但自2019年以来，德国对华政策的战略框架已经转变为"现实性接触"（Realist Engagement）战略。"建设性接触"政策的核心是"以商促变"，而"现实性接触"政策则承认两国在意识形态和政治体制上的分歧与差异，不寻求改变对方，两国关系的基础是相互竞争的，但需要在共同关心的领域开展对话和合作。

德国政客为所谓"对华过度依赖"而焦虑的成因主要包括：

其一，中德经济贸易往来日益紧密。目前，中国连续6年成为德国全球最大贸易伙伴。据德国官方统计，2021年德中双边贸易额达2 450亿欧元，约占整体中欧贸易的35%，也比2020年大幅增长15.1%，中德贸易额占德国GDP总量的10%。

其二，德企非常依赖中国市场，尤其是德国第一大支柱产业——汽车制造业。如大众汽车在中国的销售额占其销售总额的49%，奥迪是42%，奔驰达36%，宝马为34%。拜耳、巴斯夫、西门子等大企业以及其他众多德国隐形冠军公司也有类似现象。2022年1—6月，德国对华投资额约为100亿欧元（约合685亿人民币），比2021年同比增长75%，远超过2000年后对华投资额的峰值（62亿欧元）。

其三，德企上游原材料依赖中国供应链。据2022年6月德国工业联合会（BDI）的数据显示，稀土有93.5%依靠从中国进口，石墨（90.4%）、铋（87.1%）、镁（79.8%）等原材料的对华依赖程度也很高。

不过，"脱钩"在欧盟政策界与产业界尚未成为共识，部分商界领袖发出了"反对与中国脱钩"的警告，并称德国经济部所尝试推动的"切断中国业务"的做法"是一条错误的道路"，"与中国市场全面脱钩不符合德国利益"。中国在过去六年内一直是德国第一大贸易伙伴，德国也是欧盟国家中投资中国最多的国家。随着德国自身经济形势日益恶化，总理朔尔茨也不再采取模糊态度，而是明确表示脱钩是错误政策。朔尔茨说："欧盟以成为一个对全球贸易感兴趣的联盟而自豪，它不支持那些推动去全球化的人。"2022年11月4日，朔尔茨"力排众议"，顶住内阁压力，率领一个庞大的商业代表团访问中国。这支商业代表团由 12 名德国企业代表组成，包括大众、宝马、西门子、制药公司默克和拜耳、生物技术公司拜恩泰科、德意志银行、化工巨头巴斯夫、阿迪达斯等知名德企总裁或首席执行官，这些行业巨头也是中德经贸关系不断深化的亲历者和受益者。

事实上，在德国总理朔尔茨访问中国前，德国政府批准了中国国企入股汉堡港的折中方案（最终中远集团的参股份额从此前的 35% 降至 24.9%，影响力减少，没有否决权），中资公司赛微电子旗下的瑞典 Silex 公司计划收购德国芯片制造商艾尔默斯公司（Elmos）已进入政府审查阶段，这说明朔尔茨将以灵活务实的态度处理中德关系，倾向于积极寻求"对话"改善对华关系的象征与实质意义凸显。此次访华，将是重塑中德关系的一个新的机会窗口：其一，纠偏。朔尔茨有意通过访华的实际行动"拨乱反正"，避免德国以及欧洲内部对中德、中欧关系认知走偏；其二，脱困。德国及其他欧盟国家深受高通胀、"能源荒"等折磨，无法承受失去中国市场的代价；其三，平衡。德国与中国继续保持友好关系也是对美关系的动态平衡。中德关系具有超越双边范畴的战略性，在欧洲还有许多对华"杂音"的情况下，此次访问将成为欧洲对华关系的转折点，具有风向标的意义。

（三）中欧新竞合格局将深入展开

1. 中欧在多边治理领域的竞合趋强

多边治理是欧盟推进价值观贸易战略的重要平台。特别是在 WTO 现代化改革上形成欧盟的规则力量，包括强化对所谓"不公平贸易行为"的打击。针对所谓"不公平贸易"行为，欧盟主张改善透明度和补贴通报，约束国有企业，制定新规则解决服务和投资壁垒，包括强制性技术转让和数字贸易壁垒。我国与欧盟在WTO等多边场合的博弈还会进一步加剧。此外，美欧等西方国家在数字贸易、知识产权保护、劳工、环保、竞争中立等重要议题上正在寻找突破口，结成量身定制的议题联盟，甚至要改变"与WTO理念格格不入的"经济与政治体制，以便从制度源头上限制和削弱中国。不过，因美欧内部也存在较大分歧，在多边治理上中欧仍存在巨大的合作空间。

2. 中欧围绕标准制定权博弈更趋激烈

过去数十年以美欧为代表的发达国家所主导创建的行业标准成为推动全球化的重要力量。然而，随着中国加入WTO，全面融入全球化体系后在全球标准组织中的影响力日益上升。目前，中国已领导多个全球标准组织，包括管理电话与互联网联系的联合国机构"国际电信联盟"、管理电力与电子技术的行业组织"国际电工委员会"、管理各种产品标准的国际标准化组织等[①]，这对欧美经济竞争力和技术领先地位构成了挑战。欧盟价值观贸易聚焦国际标准监管的影响力。以5G领域为例，目前欧盟对5G安全的理解，已不局限在技术层面，而是站在欧盟整体利益、区域安全和国际关系的战略高度来思考，核心是经济安全。随着欧盟意欲借助其标准制定机构优先推进相关国际标准，势必与中国在主导权上形成激烈的碰撞。

---

① 姚玲、秦磊. 欧盟新贸易政策及其对中欧经贸关系的影响[J]. 国际贸易，2021(7).

3. 以价值观贸易之名对华设置贸易和准入壁垒

欧盟正在以立法方式，以保护欧洲价值观、基础设施安全等为由，加大政府干预的强度、广度和深度，以期提高欧盟层面的干预效果。欧盟擅用贸易救济等各类规制手段。从发起方国别分布来看，1995—2020年，欧盟贸易救济原审立案数量仅次于美国和印度，排名第三。除了反倾销调查等手段之外，还在市场准入等方面，形成包括反垄断、外资审查、出口管制等在内的一套市场保护工具，为市场干预提供复杂监管的制度支撑，但其实质是为了保护其相关战略性产业。

正如上文所述，自新冠肺炎疫情暴发以来，欧盟及其各成员国外资审查框架发生了重大变动，欧盟层面先后推出《在〈外商直接投资审查条例〉实施前关于国际直接投资、资本自由流动和保护欧盟战略资产的成员国指南》和《关于在外国补贴方面创造公平竞争环境的白皮书》，将医疗健康、医学研究、生物技术等战略性产业纳入外资审查范围，并且就加强监管欧盟外第三国政府补贴企业行为公开征求意见，进一步提高中国企业对欧投资门槛。成员国层面上，德国、法国、意大利和西班牙等国均对战略性行业外资并购做出了严格的临时性约束。关键原材料作为有关各方加强审查的重点，随着2020年关键原材料清单的发布，以及欧盟对未来战略性技术领域原材料的需求预测和供应警示，欧盟委员会启动了欧洲原材料联盟（ERMA），欧盟成员国将对该领域的中国资本更为警惕，以增强稀土、铝土矿、锂、钛和锶等30多种关键原材料的自给能力，完善欧洲产业供应链，减轻对中国产品的依赖。

近些年，欧洲产业链供应链布局逐步从"效率至上"转向"效率与安全并重"。比起过去强调效率和成本，现在供应链更加注重安全与信任。即使传统上与中国关系紧密的德国企业，也在高科技等领域加快多元化，提高了对中国的技术性贸易和投资壁垒。2021年9月，德国联邦工业联合会鲁斯武姆强调中国对欧洲企业构成威胁，必须要划定人权等"不可逾越的"红线，并对中国市场准入设立更严苛的条件。欧盟中国商会多次出台报告分析中国营商环境变化，在指出中欧务实合作仍有较大空间的同时，也认定中资企业在欧盟的经营阻力和压力较大，双方脱钩和产业链重组风险正在加大。

四、超越"价值观藩篱"决胜中欧竞合

中国改革开放40多年的成功经验之一，就是遵循全球化的发展规律，主动融入全球化，适应全球化，进而引领全球化。中国的改革开放，集中体现为市场化所带来的效率提升。改革促进了中国的市场化和产业集聚，释放了经济效率。改革的核心是引入了市场机制，放开了市场交易，为效率的释放提供了基础，中国凭借分工效率提升成为"世界工厂"。开放推动中国参与全球产业链配置，加深与发达国家的合作，成为全球化的主导力量之一。

当前，"美式全球化"日渐式微，美国等西方国家调整全球化战略，在全球贸易圈中排挤中国，并寄希望将中国排除在规制秩序塑造过程之外。大变局下重塑对欧关系，我们必须遵循经济全球化历史演变的规律，利用自身产业链聚集、市场潜力大等优势，

以实现利益平衡为导向挖掘更多合作潜力。以开放促改革、以改革谋发展、以发展赢繁荣，重塑中欧利益格局，稳定中欧经贸合作的"基本盘"。

（一）价值观贸易化解之道：以利益为纽带稳定中欧合作大局

要在复杂的国际环境中抓住机遇，主动重塑对欧利益关系。一方面，坚决稳住中国经济"基本盘"。重构以利益为纽带的全球化并在这一过程中重塑中欧经贸关系，最核心的要素是实现我国经济的平稳持续增长，通过 GDP 的增量为扩大中欧，以及中国与其他经济体的利益交集奠定坚实基础；另一方面，将欧洲作为我国重构全球化的主战场。党的二十大报告提出的"中国式现代化"对制度性开放提出了更高要求。因此，要将欧盟作为我国新一轮对外开放国际合作的重点区域，主动开展更深层次的制度型开放探索和创新尝试。

1. 经贸合作是中欧关系的"顶梁柱"和"压舱石"

中欧关系的演进史就是中欧互利共赢的发展史。中国改革开放后形成的巨大市场潜力吸纳了大量的欧洲商品、服务、资本和技术，而来自中国的需求也推动了欧洲的快速发展。随着欧洲一体化的日益深化，中国市场潜力也极大密切了中欧经贸联系。伴随着欧洲一体化的深化和中国改革开放向纵深发展，中欧形成了全方位、宽领域和多层次合作的格局。过去 40 多年来，中欧贸易规模增长超过 250 倍，中欧经贸关系无论在量上还是在质上都保持快速增长。根据中国海关总署统计数据，中欧双边贸易额从

2001年的766亿美元，大幅增加至2021年的8 286亿美元，增长近十倍，双边贸易差额也从2001年的53亿美元，增加至2021年的2 087亿美元，中国对欧贸易顺差持续扩大（见图4-4）。另据欧盟统计局统计，中国对欧盟出口额从2013年的3 382.8亿欧元增长到2021年的5 186.6亿欧元，欧盟对华出口额则从1 347.3亿欧元提高到2 236.0亿欧元，二者增幅均超过50%。过去三年间，尽管新冠肺炎疫情肆虐全球，但中欧贸易总量逆势双向增长（见图4-5及附表4-1、附表4-2）。中国海关总署数据显示，以美元计算，2021年中国与欧盟进出口总值达8 281.1亿美元，比2020年增长27.5%，首次突破8 000亿美元大关，创历史新高。据欧盟统计局数据，2022年1—8月，欧盟对华商品贸易额为7 662亿欧元，中国继续保持欧盟第一大货物贸易伙伴地位，全年有望再创新高，凸显了双边贸易的活力、韧力与潜力。

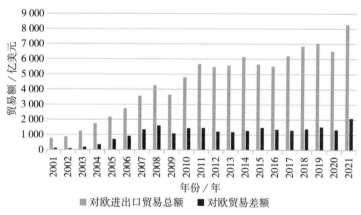

图4-4　2001—2021年中国对欧进出口贸易规模猛增

数据来源：中国海关总署

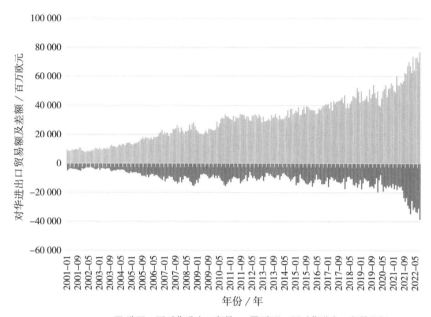

图 4-5 中欧双边货物贸易保持稳定增长势头

数据来源：欧盟统计局（Eurostat）

专栏 4-1

中欧班列是畅通中欧贸易的"加速阀"

中欧班列给中欧贸易注入了新的势能。自开通以来，中国的消费类电子产品、家电、日用小商品等多种产品以更快速度、更低价格到达欧洲，大大提升了欧洲消费者的福利。同时，中欧班列为欧洲生产商和贸易商扩大对华出口开辟了新的运输途径，特别是为众多中小企业和"隐形冠军"的产品进入中国市场提供了经济、快捷的运输方式，为德国、荷兰等国的畜牧产品、水果等特色产品创造了更加广阔的市场空间①。从 2016 年到 2021 年，中欧班列年运输货值由 80 亿美元提升至 749 亿美元，增长了 9 倍，在中欧贸易总额中的占比从 1.5% 提高到 8%。中国自欧盟进口贸易增长了 63.7%，其中自中东欧进口增长了 127.3%。2022 年前 8 个月，中欧班列累计开行 1 万列，发送货物 97.2 万标箱。目前，中欧班列已铺画了 82 条运行线路，通达欧洲 24 个国家的 200 个城市，逐步"连点成线""织线成网"，运输服务网络覆盖欧洲全境，运输货物品类涉及衣服鞋帽、汽车及配件、粮食、木材等 53 大门类、5 万多种品类，中欧班列不仅成为欧洲产品源源不断运达中国的重要贸易通路，也成为亚欧大陆上具有强大辐射力、带动力和影响力的国际物流通道。

2. 中欧竞合新格局：从"互补为主"向"互补与竞争共存"演变

当前，中欧竞合的力量格局正发生新变化，中欧经贸利益的竞争性与合作性、离心力和向心力并存。在新一轮科技革命与产业链供应链重构、世界经济格局深刻演变的大背景下，中欧在经贸领域的竞争与合作会出现新的离心力与向心力，但必须充分认识到"竞争"本身的内涵，厘清经济竞争与战略竞争的区别。在国际经济交往中，竞争总是存在的，经济的竞争主要表现为开放环境下竞争力的对比，竞争本身也有促进更新和提升的功能。同

---

① 推进"一带一路"建设工作领导小组办公室，中国国家铁路集团有限公司. 中欧班列发展报告 (2021) https://www.ndrc.gov.cn/fzggw/jgsj/kfs/sjdt/202208/P020220818311703111697.pdf

时，经济发展本身也存在一个竞争链条的上下传递机制。

就竞争性与离心力而言，近年来，随着中国工业化水平加速提升，以及不断向产业链价值链中高端迈进，中欧贸易结构正呈现出由原来的以"互补为主"，转向"互补与竞争共存"的新态势。从贸易细分结构看，中国对欧盟市场出口电子设备、机械、服装、金属、家电等产品规模较大，而欧盟对中国出口产品除乘用车外，多为技术密集型或资源型产品。2021年欧盟对我国出口占比前三位为机电产品、运输设备相关的商品、化工产品，出口占比分别达29.81%、17.20%、16.69%（见附表4-3）；而中国对欧出口占比前三位为机电产品、纺织制品、化工产品，出口占比分别达44.92%、8.79%、6.74%，且对华贸易逆差不断扩大。

其实，中欧双边贸易结构不均衡由来已久，但以往更多是欧盟对华高科技出口障碍所致。然而，随着中国出口制造业产品附加值不断提升，以及欧盟对华商品需求的大幅增长，欧盟对华的贸易逆差呈逐年大幅增长的态势。2021年，欧盟对华贸易逆差猛增逾三分之一，主要源自疫情后欧洲对数字化技术和服务的需求大幅增长，以及供应链导致的生产不足所致。例如，电脑、运动器材等享受"疫情红利"的产品依赖中国制造的程度都大幅提高。全球电子产品出口中，中国产品比重从2019年的38%扩大至2021年的42%。

欧盟经济整体对华依赖集中在按原料分类的制成品、机械及运输设备、杂项商品等领域，尤其是机械及运输设备。2021年，中国对欧盟出口前五位产品类目为通信设备、数据处理设备、电子元器件、电力机械、家用设备，分别为536.9亿美元、530.4亿美元、128.4亿美元、99.3亿美元和91.0亿美元,而欧盟对华货物出口前五位产品类目为乘用车、汽车零部件、集成电路、药物、飞行器,出口规模分别为250.3亿美元、132.6亿美元、105.4亿美元、97.3亿美元和79.8亿美元(见附表4-4、附表4-5)。中欧前五位出口产品重合度越来越高,也从侧面凸显了中欧贸易结构的竞争性越来越强,并说明中国在一定程度上已填补了部分欧洲化工品、机械、电子产品的需求增长和市场份额。

就合作性与向心力而言,尽管中欧双边经贸关系中竞争性在上升,但仍存在协调分工、优势互补的深厚基础。近年来,中欧市场对彼此的重要性都在进一步上升,中欧在维护全球产业链供应链安全稳定方面存在广泛的共同利益。工业制品是推动中欧双边贸易增长的核心动力。中国长期是欧洲工业品进口第一大来源国,近年来高价值工业产品增长明显。2021年,欧盟进口工业制品需求达1.46万亿欧元,同比增长19%。其中中国工业品出口欧盟占欧盟工业品进口需求的31%,相较2020年上升1个百分点左右。中国是欧盟工业品出口第三大市场,2021年欧盟共出口工业制品1.78万亿欧元,其中中国占比10.8%。在化工领域,中国的化学原料及化学制品制造业、化学纤维制造业与德国的化学原料及化学制品制造业、化学纤维制造业、橡胶及塑料制品业以及石油加工、炼焦及核燃料加工业的产业链合作紧密。中国主要进口工业制品中对欧盟依赖度最高的是汽车产业,中国汽车及零部件进口额中超过一半来自欧盟。

此外,双方在机械设备和医疗设备领域的依存度均超过20%。由于进出口贸易主要反映厂商和终端市场的往来,因此,中欧在高技术制造业，如专用设备、机械设备领域相互依赖度较高。欧盟单方面依赖中国的电子设备产品，而中国高技术和中高技术制造业的生产离不开欧洲，特别是德国的支撑，如中国在通用专用设备、交通运输设备、电器和光学设备制造业领域需要德国通用专用设备、金属制品、电器和光学设备、交通运输设备、化学工业以及商务和租赁服务等产业的投入。

（二）重塑中欧经贸利益关系的思考与路径

中欧经贸关系任重而道远，双方利益深度交融，合作潜力巨大。价值观贸易违背了基本经济规律，给自由市场戴上了镣铐，与互通有无、优势互补的经济全球化潮流背道而驰，也不符合中欧根本利益。对此，中方要积极争取变斗争为竞争，正确处理双方经贸利益的矛盾与分歧，尽力管控冲突与紧张情绪，寻求新的竞合之道。

1. 探索构建"政经区分"的清单式对话和处理模式

进一步完善对欧经贸战略，形塑于我有利的利益关系框架。中国需要不断评估和调整对欧战略，做好战略统筹与政策协调，以战略定力应对中美欧三边复杂互动。欧洲对外战略调整正处于新一轮转型的关键时期，欧美之间、欧洲内部都存在不同声音，在脱钩与接触、全面脱钩与部分脱钩、合作与竞争等政策选项之间摇摆不定。鉴于欧洲的共识是只有强大的欧盟才能捍卫自身的价值观和全球利益，中国可以遵循"经济先行、文化支撑和政治辅助"的原则，强化中欧市场的深度融合，因为经济规模只有与经济表现和政治行动能力相结合，才能成为动力资源。

当前，中欧双边关系发展中的一个新特征就是经贸、科技、安全、人权、价值观等领域的问题相互交织，在经贸往来中融入价值观因素，在科技交流中嵌入安全因素等，这使得双边关系容易因为局部性分歧而发展成为一个较大范围的摩擦，这显著增加了中欧双边关系的复杂性和解决分歧的难度。针对中欧之间分歧逐步增加的客观趋势，双方可探索采用清单式对话模式，将经贸、人权、价值观、科技、安全等不同领域的议题分别进行磋商与谈判，避免不同的问题之间相互牵绊、相互影响，甚至陷入经济问题政治化的困境。

2. 从阻力小、共识多的领域和议题入手加强中欧多边合作

加强多边主义是现阶段中欧合作的重要内容，也是合作的重要方向，但要合理管理合作预期。在全球治理中维护多边主义是中欧外交主张中的最大公约数，中国可以通过"包容性多边主义"理念来提升战略互信水平，强化中欧全面战略合作的政治基础。但是，也要客观认识中欧多边主义理念的共同性和差异性，妥善应对和解决概念和实践分歧。随着拜登政府不断强化美欧同盟体系，中国宜细分欧美多边主义的差异性和一致性，"因事施策"。双方可从多边合作阻力最小、共识最多的领域入手，让中欧多边合作在当前中欧关系十分困难的情况下尽快见到早期收获，培育双方战略互信，增强双方在其他更多领域开展多边合作的动力。应积极发展中欧基于多边主义的共同价值观，重塑全球贸易规则。中欧应共同努力，坚定维护WTO多边贸易体制，加快贸易和投资规则创新，改革二十国集团（G20）等全球经济治理平台，提高全球产业链供应链的协调性和包容度。

3. 理性研判"高标准"规则,"分类施策"寻求对欧合作

在欧盟规则主导权诉求增强、美国保护主义倾向加剧之际,中国应积极了解欧盟对外经贸中的规则战略的发展现状与趋势,通过对标、融合、反制、联合等策略,在实现与全球高标准规则对接的同时,加快与欧盟贸易发展战略的融通,进而有效参与全球贸易体系规则的制定,推动构建开放型世界经济新体系的进程。

一是通过制度型开放适应高标准规则。国际公共采购市场开放是欧盟强调的重点,我国可以在铁路、公路、水利等基础设施建设项目方面进行国际投标试点,对国内国际企业一视同仁,严格投标流程,确保过程公开透明。二是积极采取双边对等措施。例如,欧盟准备补贴战略价值链,我方也可对相关领域或行业采取贷款优惠、设置业绩奖励等措施推动产业发展,通过市场手段筛选出更有可能在国际竞争中胜出的企业。三是高度重视欧盟绿色贸易标准规则的变化,鼓励国内企业积极根据新标准自主进行产品升级。及时关注欧盟的碳边境调节税和进口食品环境标准、可持续化学品审查、绿色供应链审查等非关税贸易壁垒的动态,定量评估其对中欧贸易的影响,及时开展中欧贸易政策对话。四是以市场优势调整策略。以往中国的策略是"以市场换技术",现在可尝试"以市场换规则"。中欧双方已在放宽外资市场准入,增加投资监管透明度,加强投资者保护、公平竞争以及建立有效的解决争端机制方面寻找到了对接点。

4. 力促双边投资合作,稳定中欧经贸关系的"基本盘"

企业是稳定中欧利益的"纽带"和"定盘星",要积极创造环境促进双方重点领域投资合作,稳定中欧经贸的"基本盘"。

一是《中欧全面投资协定》被冻结并不代表谈判和协议就此终止，中国应积极推进现有谈判，打破目前僵局，寻求重启谈判的时间窗口。2022 年 6 月，普华永道中国在与欧盟中国商会联合举办的网络研讨会上与欧洲的企业、商会以及当地媒体分享中国与欧盟近期商业动态，并发布《中欧全面投资协定实施展望研究报告》，调研结果显示，70% 的受访者对 CAI 生效后的行业发展充满信心与期待，其中，74% 的受访中国企业和 67% 的在华欧盟企业认为 CAI 生效将有利于本国制造业、医药和新能源行业的发展。可见，双方都对中欧双向实质性开放充满期待，未来应夯实双方投资的法律基础和制度保障，在先进制造、数字经济、可持续发展等领域为双方企业创造更多的市场准入机会。

二是要以制度型开放和营商环境优化为主线，吸引欧盟企业对华投资。探索在 CAI 基础上进一步在自由贸易区、自贸港等创新高地加快探索有关竞争中立、环境保护、劳工保护、跨境数据流动等相关试点和压力测试。同时，应积极推动《"十四五"利用外资发展规划》举措落地，着力解决营商环境的区域不平衡问题，整体提升中国营商环境的市场化、法治化、国际化水平，提升知识产权保护水平，重点关注欧盟在华核心龙头外企及关联企业，继续引导欧盟对华投资向高技术产业转移，以更大市场和更优环境共促欧盟对华投资潜力的释放。

三是完善投资前调查工作，开展对欧盟外资审查制度评估。高度关注欧盟敏感投资领域，对相关领域投资时应充分利用欧盟成员国外资审查条件和缓解措施，可考虑通过剥离敏感业务、采取与当地企业合作或在当地设立企业的方式进行投资。鉴于当前欧盟成员国尚未完全建立外资审查制度，企业可选择赴外资审查相对宽松的欧盟成员国投资，降低对欧投资风险。

四是应以《中欧全面投资协定》中的无歧视原则和透明度原则为宗旨，就欧盟《针对扭曲内部市场的非欧盟成员国补贴的条例草案》(简称《草案》)、《国际采购工具》等法案中针对域外投资补贴的歧视性条款进行对话和谈判。例如，中国可指明《草案》中针对外国企业设置的强行申报义务和国家援助中的豁免原则违反了《中欧全面投资协定》中的非歧视原则。就欧盟规制成员国补贴问题的国家援助法案来看，并无像《草案》中针对并购投资集中和政府采购的强行申报要求的规定，这无疑给外国企业在投资与政府采购领域进入欧盟市场设置硬性门槛，违背了国民待遇原则。

第五章

欧洲能源大危机：锻造中欧利益新纽带

当前，欧洲出现了前所未有的能源短缺，陷入能源大危机。国际能源署甚至宣称世界正处于第一次真正的全球能源危机之中，其影响要在未来数年才能被完全感受到。对欧洲而言，与最重要的能源伙伴俄罗斯之间的关系被彻底颠覆后，出现了能源账单爆表、绿色新政受阻、经济接近滞涨、企业停产外迁、游行示威频发、极端势力登台等一连串乱象，似乎已陷入最危险的黑暗漩涡。这种现状如果持续下去，甚至欧洲一体化本身都有中途夭折的可能。

作为负责任的大国，中国始终坚持维护世界和平、促进共同发展的外交政策，致力于推动构建人类命运共同体；坚持在和平共处五项原则基础上同各国发展友好合作，推动构建新型国际关系，深化拓展平等、开放、合作的全球伙伴关系；致力于扩大同各国利益的汇合点，促进大国协调和良性互动，推动构建和平共

---

① 本章由宁留甫博士执笔完成。

处、总体稳定、均衡发展的大国关系格局。当此欧洲能源危机之时，中国希望能够积极发挥双方优势，共同维护能源安全，深化与欧洲在应对气候变化、第三方市场等问题上的合作，为中欧关系注入更多正能量和稳定性。

一、乌克兰危机背后的能源大博弈

（一）全球能源贸易格局剧变

欧盟作为一个整体，是世界第三大经济体，2021年消耗的一次能源（初级能源）占世界的10.1%，排在中国（26.5%）和美国（15.6%）之后，位居世界第三[①]。2020年，中国能源自给率达82%，美国则实现了自1974年以来首次能源贸易顺差，能源自给率达到100%。相比之下，欧盟的能源自给率极低，严重依赖进口。欧盟统计局的统计显示，2020年欧盟能源自给率仅为42%。如此巨大的能源供应缺口，意味着欧盟不得不主要通过进口满足其能源需求。

与欧洲毗邻的俄罗斯，在过去一个多世纪里一直是全球数一数二的能源生产大国。在历史的长河中，欧洲和俄罗斯/苏联克服重重障碍，结成了相对稳固的能源贸易关系。根据英国石油公司（BP）的数据，乌克兰危机爆发前的2021年，俄罗斯是欧洲[②]最主要的能源供应国，占欧洲石油进口的32%、天然气进口的54%和煤炭进口的48%；就欧盟而言，天然气进口的42%来自俄罗斯。

[①] 数据来自英国石油公司（BP）。
[②] BP对欧洲国家的统计包含英国、土耳其以及其他非欧盟的欧洲国家，以下涉及BP数据来源的均如此。

数十年来，欧洲的产业和经济运行、政治和社会稳定都建立在欧俄之间稳固的能源贸易关系的基础上，依靠稳定且廉价的俄罗斯能源供应。即使在美苏冷战时期，欧俄双方的能源合作仍在不断扩大。冷战结束后，俄罗斯因为和乌克兰的地缘政治冲突，发生过几次对欧能源供应中断，但时间都比较短暂，不影响双方能源贸易的大局。

乌克兰危机前的2021年，欧洲主要从俄罗斯、非洲、中东和美国四个来源地进口石油（含原油和石油制品），其中俄罗斯是欧洲的第一大进口来源地，占比达到32%。2021年欧洲进口原油4.677亿吨，占世界的22.72%。其中，自俄罗斯进口原油1.387亿吨，占欧洲进口原油总量的29.66%；自非洲进口原油1.1亿吨，占欧洲进口原油总量的23.6%；自中东进口原油0.771亿吨，占进口原油总量的16.48%；自美国进口原油0.514亿吨，占进口原油总量的10.99%。2021年欧洲进口石油产品1.975亿吨，占世界的16.12%。其中，自俄罗斯进口石油产品0.759亿吨，占欧洲进口石油产品的38.43%；自非洲进口石油产品0.325亿吨，占欧洲进口石油产品的16.46%；自中东进口石油产品0.27亿吨，占欧洲进口石油产品的13.67%；自美国进口石油产品0.264亿吨，占欧洲进口石油产品的13.37%。将原油及石油产品合计，欧洲2021年共进口6.652亿吨。其中，自俄罗斯进口2.146亿吨，占32.26%；自非洲进口1.425亿吨，占21.42%；自中东进口1.041亿吨，占15.65%；自美国进口0.778亿吨，占11.7%。

2021年，欧洲进口的天然气占全球的三分之一，其中自俄罗斯进口的天然气占到欧洲天然气进口的54%；欧盟从俄罗斯进口天然气 1 467 亿立方米，占欧盟天然气进口的 42%，相比之下从美国的进口仅占 6.54%。2021 年欧洲进口天然气 3 410 亿立方米，占世界天然气贸易的 33.4%。其中，管道气进口 2 328 亿立方米，占欧洲天然气进口的 68.27%，超过三分之二；液化天然气（LNG）进口不足三分之一。从俄罗斯进口的管道气达 1 670 亿立方米，占欧洲管道气进口的 71.74%、欧洲全部天然气进口的 48.97% 以及全球天然气贸易的 16.3%。欧洲 LNG 进口的主要来源地包括美国、卡塔尔、俄罗斯、阿尔及利亚、尼日利亚，合计占欧洲 LNG 进口的 91.59%。其中，美国对欧洲的 LNG 出口为 308 亿立方米，占欧洲 LNG 进口的 28.47%；去除英国和土耳其，美国对欧盟的 LNG 出口为 223 亿立方米，占欧盟 LNG 进口的 28.09% 和欧盟全部天然气进口的 6.54%。管道天然气和 LNG 合并，从俄罗斯进口的天然气占欧洲天然气进口的 54.08%。欧盟从俄罗斯进口 LNG 为 144 亿立方米，进口管道气 1 323 亿立方米，合计从俄罗斯进口天然气 1 467 亿立方米，占欧盟天然气进口的 42%。

乌克兰危机的爆发，彻底打破了欧俄之间花费几十年时间形成的稳定的能源贸易关系。欧洲与美国一道，将过于依赖俄罗斯的能源视为欧洲陷入战争和发生能源危机的根源，认为购买俄罗斯能源和商品就是向俄罗斯的战争行为提供融资，因此急于迅速降低并最终摆脱对俄罗斯能源的依赖。这意味着，欧洲需要在俄罗斯能源之外寻找新的能源出口国，而被欧洲拒之门外的俄罗斯能源则要寻找新的进口国，涉及的能源数量惊人。一买一卖之间，全球分裂为俄罗斯能源与非俄罗斯能源两个市场，能源贸易格局正在发生剧烈变化。而随着能源贸易格局的变化，全球和区域的地缘政治格局也将随之发生连锁反应式的变化。

煤炭是欧盟首先"开刀"的对象，俄煤被禁运后转向亚太地区。2022年4月，欧盟决定对俄罗斯实施煤炭禁运，这是欧盟第五轮对俄制裁系列措施之一，也是乌克兰危机发生以来欧盟首次针对俄罗斯能源实施制裁。美国、英国也相继宣布禁用俄罗斯煤炭，日本作为世界第三大煤炭进口国紧随其后。2022年8月11日开始，欧盟对俄罗斯煤炭的禁运正式生效。俄罗斯联邦海关署的数据显示，俄罗斯2021年向欧盟出口了4 680万吨动力煤和360万吨炼焦煤，约占欧盟进口总量的35%。德国、波兰和荷兰是欧盟国家里俄罗斯煤炭的最大买家。欧盟用于发电和取暖的动力煤，大约70%从俄罗斯进口。俄罗斯是日本第二大动力煤进口来源国和第三大炼焦煤进口来源国。

为替代俄煤，欧洲转而从美国、南非、哥伦比亚、印度尼西亚等地进口煤炭。2022年上半年南非对欧洲的煤炭出口同比猛增8倍；8月当月，南非对欧洲的煤炭出口同比增加3.4倍，哥伦比亚煤炭在欧洲的销量翻了一番。德国更是向印度尼西亚抛出本年度进口1.5亿吨煤炭的大单，相当于过去5年的煤炭进口总量。而在俄罗斯方面，大约2 500万吨运往欧洲的煤炭商品，已经做好了从俄罗斯西部运往东部的准备，卖到包括中国、印度在内的亚洲国家。根据俄罗斯公布的数据，仅2022年7月，中国进口的俄罗斯煤炭就达到742.1万吨。

俄罗斯的海运原油被欧盟禁运，印度成为俄油的重要买家。2022年6月3日，欧盟公布了对俄罗斯的第六轮制裁方案，包括对俄罗斯海运石油的禁运，禁止欧盟公司为运送俄罗斯石油的商船提供所需的服务，如保险、经纪和融资。但为获得匈牙利的支持，对于依赖俄管道输送的成员国的石油进口给予豁免。该方案将于 2022 年 12 月 5 日对海运原油生效，对精炼石油产品将于 2023 年 1 月 5 日生效。欧洲的进口禁令让美国成为大赢家。美国商务部的数据显示，2022 年 1 月至 5 月，欧洲进口美国原油约 2.1 亿桶，亚洲进口美国原油约 1.9 亿桶。这是自 2016 年以来，欧洲地区首次超过亚洲地区，成为美国石油的最大买家。美国能源信息署的数据显示，2022 年 4 月到 8 月的 5 个月里，美国对德国出口石油共 2 136.6 万桶，比 2021 年同期高出 36.27%，比 2020 年同期高出 8.92%，而 2020 年和 2021 年是 1994 年以来德国进口美国石油最高的两个年份，之前德国每年从美国进口的石油很少超过 1 000 万桶，大部分年份不足 500 万桶。

对俄罗斯而言，一方面，俄罗斯加紧利用禁令生效前的时间向欧洲出售石油，另一方面，俄罗斯则积极寻求新买家。乌克兰危机前，印度购买的俄罗斯石油可以忽略不计。乌克兰危机爆发后，印度异军突起，俄罗斯石油在短短六个月内就成为印度炼油商的支柱。2022 年 10 月，俄罗斯每日平均向印度供应 94.6 万桶石油，创单月历史最高水平，占印度所有原油进口量的 22%，成为印度最大的石油供应国①。

俄欧天然气贸易严重下降，欧洲满世界"找气"。乌克兰危机爆发后，欧盟委员会发布《欧洲廉价、安全、可持续能源联合行动》能源独立路线图，提出每年将从卡塔尔、埃及、西非等国多进口 5 000 万立方米液化天燃气（LNG）。同时，扩大与阿塞拜疆、

---

① 数据来源于石油分析公司 Vortexa。

阿尔及利亚和挪威的管道天然气贸易，替代从俄罗斯进口的三分之二的天然气（约合 1 000 万立方米）。

在以美国为首的西方国家酝酿对俄罗斯油气出口进行限价的背景下，俄罗斯主动出击。2022 年 5 月底，过境白俄罗斯和波兰的"亚马尔—欧洲"天然气管道最终关闭。2022 年 6 月中旬俄气将经由"北溪 -1"管道输往德国的天然气供应量减少近 60%，每天供气量不超过 6 700 万立方米。7 月 27 日，"北溪 -1"管道日供气量从 6 700 万立方米降至 3 300 万立方米。9 月 2 日，七国集团和欧盟决定对俄罗斯的石油和天然气产品实施限价，俄罗斯随即宣布以设备故障为由宣布"北溪 -1"天然气管道无限期关闭，并威胁称若欧盟实施价格上限，俄将不会再向欧洲供应天然气。9 月 26 日，处于关停状态的"北溪 -1"和尚未正式开通的"北溪 -2"同时发生人为制造的大规模水下爆炸，两条管道各有两处被炸。目前，欧盟自俄罗斯进口的管道天然气只剩"土耳其溪"和乌克兰两条线路。欧盟从俄罗斯进口天然气的占比已经下降到 7%，日进口量从乌克兰危机爆发前的 4.2 亿立方米下降到 0.2 亿立方米。

为寻找替代俄罗斯的天然气供应，欧盟及其成员国推行日本已故前首相安倍晋三开启的"俯瞰地球仪外交"，在北美、中东、非洲、中亚、拉美和亚太地区等地球各个角落"找气"。这些行动包括寻求增加美国、加拿大的 LNG 供应，与挪威加强管道气和 LNG 合作，重启与阿尔及利亚的能源合作，深化与阿塞拜疆的南方天然气走廊合作，增加埃及和以色列等中东国家的 LNG 供应，探讨尼日利亚、塞内加尔等撒哈拉以南非洲国家的能源出口潜力，还将目光瞄准中亚，寻求从中亚进口油气和绿氢。

然而，签订新的能源买卖合同不仅需要进行大量新的谈判，也需要进行新的大规模投资，更涉及打破潜在卖家和潜在买家各自的长期稳定的能源贸易关系。除了俄罗斯，理论上能够向欧洲大规模供应油气资源的只有中东国家和美国，其他如非洲、中亚、澳洲（主要是 LNG）和南美在规模上都比较有限。现实情况是，中东的油气资源主要卖到亚太地区，有长期合同约束，短时间内能够额外供应欧洲的数量有限。根据国际能源署的预测，俄罗斯在欧盟留下的能源供应缺口很大程度上将由北美（主要是美国）填充，从中东和其他地区的进口也将有所增加；而俄罗斯能源将转而投入亚洲市场，但亚洲市场不能完全弥补俄罗斯的损失。

实际上，国际能源署的预测正在被证实。2022 年 1 月至 9 月，美国 LNG 出口量达 6 190 万吨，同比增长 13%，并一举超过澳大利亚、卡塔尔，成为全球最大的 LNG 出口国。其中，当期对欧洲出口量飙升 160%。2022 年前 8 个月，美国共向全球 31 个国家出口 LNG，其中前三名分别是法国（3 825 亿立方英尺）、西班牙（3 187 亿立方英尺）以及荷兰（2 497 亿立方英尺），同比分别增加 244%、243% 和 125%。相比之下，对韩国、日本和中国出口分别下滑 39%、41% 和 87%。

（二）全球能源供需格局深刻调整

近年来，全球能源供需格局出现了两个重大变化：一是可再生能源占比的持续提升；二是美国自 20 世纪 50 年代以来首次成为能源的净出口国。这两个变化已经并正在对全球能源格局、地缘政治格局产生前所未有的巨大影响，未来还将对全球经济金融格局产生意想不到的影响。

变化之一是可再生能源地位的不断提高。随着全球范围内对气候变化的关注程度不断提高，可再生能源在全球一次能源消费结构中的比例持续提升，2017年前后占比超越核能，2021年达到6.7%，即将超越水电（6.76%）。以煤炭和石油为代表的传统能源被"标签化"和"妖魔化"，成为以美国为首的西方国家眼中的"肮脏"能源。从数据上看，煤炭和石油的占比都有所下降，尤其是煤炭占比在2008年到2014年前后一直稳定在30%左右，2015年以来持续下降，2021年已降至26.9%。

从全球主要地理板块来看，2021年的数据显示，亚太地区能源结构以煤为主，中东地区几乎完全依赖石油和天然气，中南美地区的水电优势在全球得天独厚，欧洲引领全球能源转型，可再生能源在一次能源消费结构中的占比全球最高（见图5-1）。

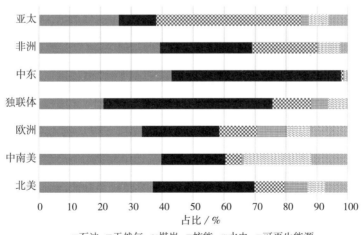

图5-1　2021年全球主要区域一次能源消费结构

数据来源：英国石油公司（BP）

2021年，欧盟的一次能源消费结构情况如下：石油35.47%，天然气23.76%，煤炭11.21%，核能11.01%，水电5.39%，可再生能源13.18%（见图5-2）。乌克兰危机的爆发进一步刺激和加速欧洲与全球向可再生能源转型。

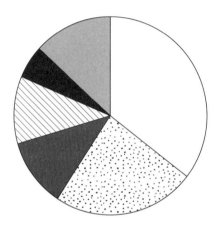

图5-2　2021年欧洲一次能源消费结构

数据来源：英国石油公司（BP）

变化之二是美国在页岩油气革命推动下实现了"能源独立"。大致从2005年到2010年间，主要受以页岩油和页岩气为代表的"页岩革命"的推动，美国国内的油气产量开始持续提升（见图5-3），油气进口打破了长期的上升态势转而下行，出口不断增加。从细分能源品种来看，美国自20世纪50年代以来一直是煤炭的净出口国，而从2011年开始，美国成为石油产品的净出口国，从2017年起成为天然气的净出口国（见图5-4）。2019年美国的一次能源出口超过进口，成为能源的净出口国（见图5-5）。

第五章　欧洲能源大危机：锻造中欧利益新纽带 | 159

图 5-3　美国一次能源生产情况

数据来源：美国能源信息署

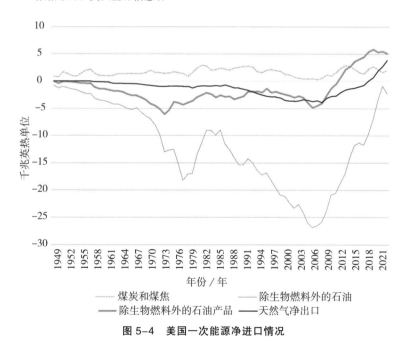

图 5-4　美国一次能源净进口情况

数据来源：美国能源信息署

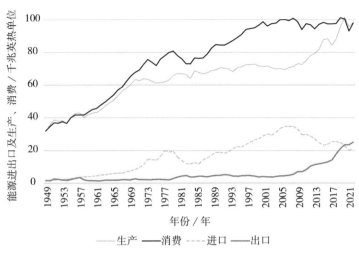

图 5-5　美国能源进出口及生产、消费情况

数据来源：美国能源信息署

页岩油和页岩气革命的出现，使得美国对石油输出国组织和波斯湾地区石油进口的依赖程度持续下降。1990 年时，自石油输出国组织和波斯湾地区的石油进口占美国石油进口的比重分别为 53.6% 和 24.5%。2021 年已分别降至 11.3% 和 8.2%（见图 5-6）。

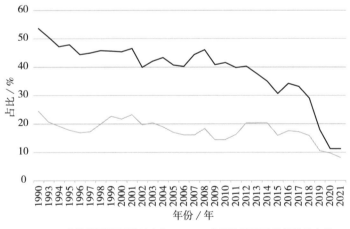

图 5-6　美国从石油输出国组织和波斯湾进口的石油占其石油进口情况

数据来源：美国能源信息署

注：包括原油和石油产品

实现了"能源独立"的美国，一方面降低了对中东地区等长期能源进口来源地的关注，另一方面急于推动自身能源出口。2014年7月，美国商务部首次向美国企业发放了出口许可证，允许他们出口一种超轻质原油——凝析油。特朗普政府时期，美国施压中国购买其石油和天然气。美国还把自身的能源优势作为实现地缘政治利益的工具。从奥巴马政府开始，到特朗普政府，再到拜登政府，美国始终阻挠"北溪-2"线天然气管道的建设，目的正在于破坏欧俄之间的能源合作关系，将自身的油气卖到欧洲。

历史上，能源结构中主导能源的转换与大国的兴衰关系密切，率先完成能源转换的国家往往会在大国竞争中获得"先发优势"[1]。全球能源供需格局的上述变化意味着，随着可再生能源在能源消费结构中的占比持续提升，在向可再生能源转型过程中取得领先地位的国家将逐步摆脱对于化石能源（主要是煤炭、石油和天然气）的依赖，从而摆脱对于化石能源出口国的依赖。然而，从化石能源占主导的能源消费结构转向可再生能源占主导的能源消费结构，仍需要一个漫长的过程，不会一蹴而就。在这个转型过程中，也就是当前全球正在经历的过程中，对进口化石能源依赖程度较小的国家将获得对进口化石能源依赖程度较大的国家的战略优势，能源独立程度更高的国家将比独立程度更低的国家拥有更大的话语权和主动性。围绕可再生能源的转型，中、美、欧三大力量正在进行激烈的比拼，尚无法预知最终的结果。单就眼下而言，在美欧之间，能源领域的胜负已经决出。

---

[1] 宁留甫. 能源转换的政治经济学分析[M]. 长春：吉林出版集团，2016.

(三)"美元—石油"体系出现松动

美元如今的国际货币地位建立在二战结束后美国成为全球头号强国、坐拥全球75%黄金储备的基础上,是布雷顿森林体系的产物。布雷顿森林体系解体后,美国在20世纪80年代通过与以沙特为首的海湾国家的默契,达成非正式的协议,沙特同意石油这一全球最重要的战略性商品以美元标价,美国向沙特等国提供安全保障,在此基础上确立起"美元—石油"体系,成为美元继续维持国际主导货币地位的基石。在"美元—石油"体系下,沙特出口石油所得的美元,除了满足自身进口所需外,又通过购买美国国债的形式回流美国,形成了美元流动的闭环。

乌克兰危机下,"美元—石油"体系或者说能源贸易的美元体系正面临数十年来前所未有的威胁和挑战。主要体现在两个方面。

一是受到以美国为首的西方国家制裁的俄罗斯,在对外能源贸易中越来越多地采用除美元外的其他货币进行结算,加快推动去美元化的进度。2022年3月,俄罗斯总统普京签署天然气卢布结算法令,要求非友好国家用卢布支付天然气账单。俄罗斯副总理亚历山大·诺瓦克5月25日表示,俄罗斯和伊朗已经就最大程度使用本国货币进行贸易结算达成协议。6月,印度从俄罗斯进口煤炭的44%(74.2万吨煤炭)以包括人民币和阿联酋迪拉姆在内的非美元货币支付。俄印原油贸易开始以阿联酋迪拉姆和乌兹别克斯坦货币索姆进行交易。印度裔的金砖国家国际论坛主席阿南德2022年8月25日表示,"俄印两国已经实施了用卢布和卢比进行相互结算的机制,两国没有必要在相互结算中再使用美元。"2022年9月6日,中俄双方在俄罗斯第六届东方经济论坛上签署《中俄东线天然气购销协议》相关补充协议，俄罗斯将把对中国的天然气出口付款方式从欧元和美元改为卢布和人民币，比例为 50∶50。俄罗斯天然气工业股份公司首席执行官亚历山大·久科夫在同一论坛上表示，中俄航空往来的油气费用将不再使用美元进行结算，而是改为"人民币—卢布"直接结算。"2022 年 9 月 16 日，俄土双方领导人会晤，普京表示，俄罗斯向土耳其出口的天然气中，有四分之一将以俄罗斯卢布结算，有关协议不久后将生效。

二是沙特与美国的关系风波不断，在处理对美关系中的自主性不断增强。"美元—石油"体系的稳定性，建立在美国和以沙特为首的中东产油国之间关系稳定的基础上。然而，进入 21 世纪以来，美国与沙特的关系便时常处于不睦状态，先后经历了"9·11"事件、美国"页岩革命""卡舒吉事件"和"欧佩克+"减产等标志性事件的冲击，双方互信的基础日益受到侵蚀和动摇。

其一，2001 年的"9·11 事件"，19 名劫机者中有 15 名是沙特公民。2016 年 9 月 28 日，美国国会投票推翻时任总统奥巴马的否决，强行通过允许"9·11"恐怖袭击事件幸存者和遇难者亲属起诉沙特阿拉伯政府的法案。沙特外交大臣朱拜尔 2016 年 4 月表示，如果美国国会通过法案允许"9·11"事件受害者亲属通过美国法庭起诉沙特政府，沙特将抛售所持的多达 7 500 亿美元的美国国债及其他美元资产。

其二，美国"页岩革命"。得益于页岩油和页岩气革命的效果，美国在 2019 年实现了"能源独立"，对中东石油的依赖大幅下降。

其三,"卡舒吉事件"。2018 年,沙特记者卡舒吉在沙特驻土耳其伊斯坦布尔领事馆被"肢解"杀害。2019 年 11 月,时为民主党总统候选人的拜登因此事怒斥沙特为"贱民国家",并承诺竞选成功后要让沙特王室变成"社会弃儿"。就任总统后,拜登"重新校准"美沙关系,下令公开卡舒吉案的调查结果,直指沙特王储批准杀害卡舒吉。

其四,"欧佩克+"①减产。沙特的王国控股公司(Kingdom Holding)在乌克兰危机爆发的第一个月接连投资了三家俄罗斯主要能源企业。2022 年 10 月 5 日,由 23 个国家组成的"欧佩克+"决定自 2022 年 11 月起大幅减产,在 2022 年 8 月产量的基础上将月度产量日均下调 200 万桶。

此前,为了缓解美国国内通胀压力,助力中期选举,拜登打破自己的承诺赴沙特访问。美国还在会前要求沙特等主要产油国把大幅减产的计划推迟一个月。"欧佩克+"减产的决定导致国际油价创下 2022 年 3 月中旬以来的最大单周涨幅。为此,美国警告要采取"系统性"方式重新评估美国与沙特的关系,并再次以通过 NOPEC(禁止石油生产或出口卡特尔)法案相威胁。一旦通过立法,保护欧佩克产油国及其国家石油公司免受诉讼的主权豁免权将被撤销,美国司法部长将获得在联邦法院起诉欧佩克产油国的权利。而每逢此刻,美媒就会抛出沙特试图用非美元货币结算石油的消息。

---

① 欧佩克(石油输出国组织的简称)与部分非欧佩克产油国逐渐形成的一种长期合作机制,称为"欧佩克+"。

二、欧洲能源大危机的连锁反应

（一）欧洲能源转型和绿色新政短期遇阻但中长期可能加速

欧洲一向是全球能源转型和应对气候变化的先锋。为了应对气候变化，加快绿色转型，2019年12月新一届欧盟委员会正式推出了雄心勃勃的"欧洲绿色新政"，将其作为五年任期政治优先事项中的首要行动，致力于使欧洲2050年成为世界上第一个"气候中和"大陆。新政重新设定了减排目标，将2030年的温室气体减排目标从相对于1990年下降40%提高到下降55%，规定2030年可再生能源在终端能源消费中的占比应达到40%。2021年6月，欧盟通过了《欧洲气候法》，把2030年减排55%和2050年达到"气候中和"的目标写入了法律，将"欧洲绿色新政"的实施纳入法治化轨道。

在成员国层面，环境议题早已成为作为欧盟"引擎"的德国的重要政策议程。2016年11月德国政府发布了"2050年气候行动计划"，提出到2050年实现温室气体排放中和；2019年10月出台"气候行动规划2030"；2020年通过了逐步退出煤电的法案，承诺德国最迟将在2038年淘汰燃煤发电，如果可能，将在2035年实现。不仅德国，还有很多欧洲国家也提出了"碳中和"的宏伟目标。淘汰煤电是"欧洲绿色新政"和德国等国能源转型的重中之重。煤炭的碳排放强度是天然气的约2.2倍。如要保证《巴黎协定》控温目标的实现，经济合作与发展组织（OECD）国家应在2030年前实现退煤，其他国家也应在2040年前关停所有煤电设施。截至2021年年底，所有仍有煤电的欧盟国家都制定了退煤时间表。这些雄心勃勃的计划看起来都很美妙，为世界描绘出了一幅十分鼓舞人心的图景。

然而，乌克兰危机的爆发和持续，使得欧洲突然深陷能源供应危机。作为一系列制裁和反制裁的结果，欧洲陷入了"缺油少气"的窘境。为确保眼下的经济和社会用能需求，许多国家被迫重启已经关闭的煤矿、火电厂和核电站，甚至回到了使用木材的前工业化阶段。面对严峻的能源危机，甚至连最激进的德国环保组织都认为重启煤电是必要的，将一直以来对环保的追求置之脑后。欧盟排名前十名的排放源（煤电厂）都位于德国和波兰，2021年两国煤电厂增加的碳排放量达到4 900万吨，占欧盟碳排放交易体系（EU ETS）总排放增量的54%。

乌克兰危机下，德国、波兰、奥地利、法国和荷兰等国宣布了增加燃煤发电量的计划，提出延长燃煤机组的工作时间，暂停燃煤机组的改造，甚至重启已淘汰的燃煤机组。德国政府2022年6月底批准启动27座此前已经关闭的煤炭发电站。2022年8月29日，德国海登4号煤炭发电厂重新启动，初步预计将运营到2023年4月底。该发电厂是欧洲单机容量最大的燃煤发电厂，单机容量达875兆瓦，满负荷运行时每小时燃烧265吨煤。法国将重新启动其595兆瓦的Emile Huchet 6号燃煤机组，但仅限于2022年冬天。奥地利政府2022年6月宣布重启该国南部城市梅拉赫的一家246兆瓦燃煤电厂，以应对能源短缺。荷兰政府2022年6月21日宣布，将取消煤电厂的产能上限。德国原本计划在2022年年底之前逐步淘汰该国剩余的三座核电站，2022年10月德国总理朔尔茨下令延长剩余三座核电站的运行时间至 2023 年 4 月,以避免可能出现的能源危机。2022 年 11 月 11 日,德国联邦议院通过《核能法》修正案,允许这三座核电站延长运营至 2023 年 4 月。亲商业的德国自由民主党则建议全部三座核电站继续运行至 2024 年,甚至在必要时重新启动已于 2021 年关闭的另外三座核电站。这些事实清晰地表明,欧洲的能源转型和绿色新政由于乌克兰危机而遭遇超出其自身预期和既定节奏的重大挫折和冲击。

能源危机下欧洲被迫走回头路,向自己眼中的"肮脏"能源,如煤炭和石油"弯腰",其后果主要体现在两个方面。

一是欧洲的碳排放大大增加。德国政府决定保持燃煤电厂运行以取代燃气设施,导致德国 2022 年的温室气体排放量在 2021 年的高水平[1]基础上继续上升。有预测认为,2022 年 1 至 9 月,德国、法国、英国、意大利等欧洲主要经济体的碳排放量较 2019 年同期将上涨 10%。德国智库 Agora Energiewende 估算,2022 年上半年德国的排放量可能增加了 1 000 万吨,全年可能额外增加 2 000 万吨~3 000 万吨的排放量。英国气候及能源智库恩伯(Ember)的分析显示,2023 年欧盟的二氧化碳净额外排放量约为 3 000 万吨,相当于 2021 年欧盟总排放量的 1.3%。市场研究机构 ICIS 认为,德国在冬季重启燃煤发电和燃油发电的决策可能导致

---

[1] 2020 年新冠肺炎疫情暴发,德国碳排放量一度骤降 9%,但随着经济复苏,货物运输增加,钢铁生产恢复,运输和工业碳排放量都在增加。据德国联邦环境署(UBA)数据,2021 年德国碳排放量增加 3 300 万吨至 7.62 亿吨,同比增长 4.5%。http://frankfurt.mofcom.gov.cn/article/xgjg/202203/20220303287497.shtml

欧盟 2023 年碳排放总量上涨 5%[①]。

二是欧洲不再占据在国际减排领域的道德高地。据欧洲巴尔干地区的媒体报道，多年来，欧盟和欧洲能源共同体一直在向西巴尔干各国政府施压，要求他们制定逐步淘汰煤炭的计划。如今，欧洲为保证自身能源安全"饥不择食"，在国际减排舞台上已经失去了对他国施压的道德合法性。

不过，凡事皆有两面性。从更长远的视角来看，乌克兰危机也成为欧洲加快推进能源转型和绿色新政的重大契机、转折点和催化剂。2022 年 3 月 8 日，欧盟委员会提出一项名为 REPowerEU 的方案，计划在 2030 年前逐步摆脱对俄罗斯化石燃料的依赖。2022 年 5 月 18 日，欧盟委员会正式公布了 REPowerEU 行动方案的详细内容。该行动计划要求在 2022 年将俄罗斯天然气的进口量减少到三分之一，到 2027 年对俄罗斯的依赖度降至零。欧盟委员会估计，从现在到 2027 年，实现 REPowerEU 目标需要额外投资 2 100 亿欧元，至 2030 年，该计划则需要耗资 3 000 亿欧元，但这将在减少化石燃料进口方面每年节省近 1 000 亿欧元。

这个方案包括显著加快可再生能源产能部署、能源供应多样化、提高能效举措三大支柱措施，并包括改革融资渠道的相关建议。加速清洁能源转型是 REpowerEU 计划的关键，主要是在发电、工业、建筑和交通领域的大规模扩大可再生能源的使用。欧盟委员会建议根据"Fit for 55"一揽子计划，将 2030 年可再生能源的总体目标从 40% 提高到 45%，这意味着欧盟可再生能源装机

---

① 资料来自中国石油新闻中心，http://news.cnpc.com.cn/system/2022/09/19/030080347.shtml

有望从目前的 511 GW 增加到 2030 年的 1236 GW。

具体举措包括:(1) 到 2025 年,光伏累计装机量达到 320 GW,是目前水平的两倍以上,到 2030 年,光伏累计装机量达到 600 GW,即 2021—2025 年光伏年均装机至少 35 GW,2022—2030 年年均装机至少 46.8 GW;(2) 欧洲太阳能屋顶倡议,从 2025 年起对商业、公共建筑实施安装太阳能屋顶义务,从 2029 年起,对新住宅建筑实施安装太阳能屋顶义务;(3) 将当前的热泵部署速度提高一倍,未来五年累计达到 1 000 万台;(4) 在风能方面,让欧盟在 2030 年拥有 480 GW 的风能产能,包括陆上和海上;(5) 在氢能方面,到 2030 年欧盟可再生氢产量达到 1 000 万吨,再生氢进口量达到 1 000 万吨,加快氢气技术标准的工作并建立全球欧洲氢气设施和绿色氢气伙伴关系;(6) 在生物质能方面,到 2030 年实现每年 350 亿立方米的生物甲烷产量,同时建立工业沼气和生物甲烷伙伴关系,以刺激可再生气体的价值链;(7) 为了解决大型可再生能源项目审批缓慢和流程复杂问题,欧盟委员会还提出了一项立法建议,要求缩短相关项目审批时间,并有针对性地修订可再生能源指令,将可再生能源视为压倒一切的公共利益,加快可再生能源建设。此外,2022 年 5 月 18 日,丹麦、德国、比利时与荷兰政府共同签署联合声明,承诺到 2050 年将四国的海上风电装机量增加 10 倍,从而达到 150 GW。

(二)欧洲经济陷入滞涨和产业外流双重困境

在欧洲,液化天然气买家通常对标荷兰所有权转让中心(TTF)及英国国家平衡点的天然气价格基准。2022 年 8 月底,荷兰 TTF 价格达到超过 99 美元 /MMBtu（百万英制热量单位），日韩 LNG 价格同样达到创纪录的 69 美元 /MMBtu，同期美国天然气期货价格创 2008 年 7 月以来的最高点，达到 10 美元 /MMBtu。这意味着，8 月底欧洲天然气价格是美国的 10 倍，日韩是美国的 7 倍。

在欧盟 2021 年的电源结构中，天然气发电占 18.93%，是核能（25.29%）和可再生能源（25.22%）之后的第三大电力来源。煤炭占 15.17%。尽管欧盟各国花费了数千亿美元来保护消费者免受能源危机的影响，天然气和煤炭价格的大幅上涨，仍带动欧盟的电力价格大幅上涨，远超美国的电价水平。2022 年 8 月，德国电价为每千瓦时 50 欧分。随着欧洲大量购气带来的库存增加，欧洲市场天然气价格有所回落，但反映在电价上，仍然处于较高水平。根据能源咨询公司 VaasaETT Ltd 的统计数据，欧盟 2022 年 10 月家庭用电成本达到每千瓦时 36 欧分，同比上涨 67%。相比之下，美国能源信息署公布的美国 2022 年 8 月的家庭电价为每千瓦时 15.95 美分。而在考察周期内，美元对欧元汇率基本在平价附近波动，美欧电价差距显而易见。

能源价格的大幅上升一方面带来通胀的持续高企，另一方面使经济陷入衰退的风险日益增加，欧洲经济正迅速走向"滞胀"的泥潭。欧盟公布的初步数据显示，欧元区国家 2022 年 10 月的通货膨胀率按年率计算达 10.7%，是 1997 年有记录以来的最高水平。总体来看，能源价格上涨仍旧是导致通胀率再创纪录的最主要原因。数据显示，欧元区 10 月份的能源价格比去年同月高出 41.9%。此外，食品、酒类和烟草的价格同比上涨 13.1%。波罗的海国家（爱沙尼亚、立陶宛和拉脱维亚）仍是受能源市场波动最严重的国家，通胀率均保持在20%以上，其中爱沙尼亚以22.4%高居欧元区国家之首；意大利和德国的通胀率分别达12.8%和11.6%；法国有核能支撑，对俄罗斯油气依赖相对较小，通胀率为7.1%。

与此同时，随着欧洲央行为应对高通胀而被迫采取升息措施，欧元区经济陷入衰退的风险正在迅速增加。国际货币基金组织2022年10月的预测显示，2022年欧元区经济增速为3.1%，而到2023年将大幅下降至0.5%。欧盟委员会11月发布的2022年秋季经济预测报告预计，2022年欧盟实际国内生产总值（GDP）增长3.3%，2023年增长0.3%；与此同时，2022年欧盟通胀率将升至9.3%，2023年有所下降，但仍将达7%，经济滞胀的"梦魇"仍挥之不去。

高昂能源成本正迫使不少欧洲国家的能源密集型企业减产或停产，令欧洲面临"去工业化"的挑战，主要集中在金属、化工、玻璃、陶瓷、造纸、橡胶和塑料等行业。欧洲最大的钢铁制造商安赛乐米塔尔在德国汉堡的工厂被迫减产，同时将美国得克萨斯州工厂的产能扩大2—3倍；全球铝产品生产商美国铝业公司正在削减其在挪威的冶炼厂的三分之一的产量；荷兰最大铝业制造商代尔夫宰尔达姆科铝业公司日前宣布停产；欧洲最大化肥生产商挪威亚拉国际公司（Yara International）已关闭其在荷兰斯勒伊斯基尔的一座大型化肥厂。以天然气为主要原料的欧洲化肥工业产能已经降低了三分之二，包括德国巴斯夫公司（BASF）、荷兰化肥生产企业OCI NV、挪威化肥巨头亚拉国际等化工巨头在内，英国、法国、西班牙、荷兰、波兰等各国的化肥企业都在减产，保加利亚、克罗地亚、斯洛伐克等国的化肥企业则开始停产甚至倒闭。上述行业都是基础原材料行业，其减产、停产、倒闭直接影响到下游的汽车、机械制造、航空航天等领域。

鉴于目前美国能源价格总体远低于欧洲，一些欧洲企业不得不将生产线外迁到美国。与此同时，美国通过的《通胀削减法案》，为企业捕捉和储存温室气体提供抵税额，规定非美国企业无法获得美国政府的车辆购买补贴，也在刺激欧洲企业到美国建厂。亚拉国际首席执行官斯文·托尔·霍尔瑟指出，如果没有美国目前提供的较低能源价格或绿色能源激励措施，欧洲制造商可能很难保持竞争力，"由于这个原因，一些行业将永久性搬迁"。

德国一项行业调查显示，90%的公司报告能源和原材料价格的上涨，几乎五分之一的公司正在考虑将生产转移到国外。据德国《商报》报道，仅美国俄克拉荷马州就吸引了60多家德国企业前往投资扩展业务，其中包括汉莎航空、西门子、阿尔迪和费森尤斯，这4家公司最近累计扩大投资近3亿美元。2022年已有6家德国公司宣布建立或扩大在弗吉尼亚州的业务，而2021年只有2家。德国化工巨头巴斯夫计划2022年至2026年将其全球260亿欧元投资额的约15%投资于北美。

此情此景让人们不禁要回望历史。1944年9月，当欧洲大陆仍处于二战的炮火硝烟之中时，美国罗斯福政府的财政部长、具有犹太血统的小亨利·摩根索提出了赫赫有名的"摩根索计划"。"摩根索计划"的核心思想是战后将德国彻底非军事化、非工业化和重新农业化，主要内容包括：摧毁或拆除德国所有可能用于战争的工厂和设备，包括一切重工业；德国只被允许生产日用消费品；对德国最重要的矿区鲁尔区实行"非工业化"，关闭并淹没鲁尔的煤矿。由于摩根索的计划过于激进，加上罗斯福于1945年春去世，因此该计划并未得到正式和完全实施。1946年后，随着美苏关系恶化，"铁幕"在欧洲降落，德国得以避免沦为农业国的厄运。让人始料不及的是，在"摩根索计划"提出近80年后，随着又一场战争在欧洲上演，未直接参战的德国和欧盟，却正在上演"去工业化"的大戏，而幕后导演仍是大洋彼岸那个"美丽国度"。

（三）欧洲社会和政治不稳定的阀门开启

在乌克兰危机及由此引发的能源危机的背景下，欧洲面临冷战结束以来甚至是二战结束以来最为严峻的安全挑战，其溢出效应已经影响到了政治和社会稳定层面。突出表现在以下方面。

一是游行示威抗议此起彼伏，严重影响经济和社会正常运行。在欧美国家，罢工和示威抗议本是常态。然而，2022年以来，欧洲国家罢工和示威抗议的频率之高、波及范围之广却是近些年罕见。先后发生了2022年3月西班牙货车司机大罢工、5月多家航空公司罢工、6月8万比利时人在布鲁塞尔游行示威、6月英国铁路工人罢工、7月挪威石油工人罢工。

2022年9月3日，7万捷克抗议者走上捷克首都布拉格街头并打出"捷克优先"的口号，要求政府放弃对俄制裁、停止对乌军援。9月29日，布拉格再度爆发万人规模的示威，要求现任总理下台，政府重新考虑与北约、欧盟、联合国和世界卫生组织之间的关系，并呼吁政府单独与俄罗斯进行和平谈判和实现军事中立。10月28日，捷克首都爆发了第三次大示威行动，抗议人士达数万规模，要求亲西方政府下台并提前举行大选。

法国炼油工人从2022年9月底开始的大罢工成为2022年欧洲持续时间最长的罢工，引发了全国性"油荒"，法国炼油产能骤降，三分之一加油站的供应受到影响。10月18日，全法各行业举行大罢工和示威游行，包括运输工人、核电站工人、护理人员以及教育行业的许多人员。当天全法10.7万人参加游行，各地举行了近150场集会，而游行过程还出现了很多打砸事件。

二是极端政治势力力量大增，成为执政党或对政治议程有决定性影响的政党。在2022年6月的法国国民议会选举中，法国总统马克龙所在的中左翼联盟失去了国民议会绝对多数地位，极左翼政党"不屈的法兰西"领导人梅朗雄率领的左翼政党联盟成了国民议会第一大反对党，玛丽娜·勒庞的极右翼"国民联盟"得票率创历史新高。这意味着在第二任期的施政过程中，马克龙需要寻求其他政党的支持才能顺利推行其政策，否则极大可能沦为"跛脚鸭"政府。

2022年9月26日，意大利中右翼政党联盟以约44%的得票率在议会选举中胜出，极右翼的意大利兄弟党得票率约为26%，为单一党派最高，与其组成中右翼政党联盟的联盟党和意大利力量党得票率分别约为8.8%和8.1%。意大利将迎来自二战墨索里尼倒台以来最右翼的政府。与2018年议会选举相比，意大利兄弟党的得票率提高了21.6个百分点。而在意大利议会选举前的9月22日，欧盟委员会主席冯德莱恩表示，"如果事情朝着困难的方向发展——像我提过的匈牙利和波兰——我们有手段。"

2022年9月11日举行的瑞典议会选举中，极右翼的瑞典民主党获得了超过 20% 的选票，成为瑞典第二大党，同时也成为反对阵营第一大党。2022 年 10 月 18 日组建的瑞典少数派政府与瑞典民主党签署了一项涵盖七大施政领域的合作协议，瑞典民主党将派专员进驻新政府，与政府开展各项合作。议会通过的每一项法案都需要获得瑞典民主党支持，才能实现超过半数赞成票。

（四）欧洲"战略自主"性不升反降

数十年来，欧盟一直希望能在军事和安全方面实现战略自主。2016 年，欧盟发布"共同愿望，共同行动：一个更强大的欧洲"政治文件，首次正式提出"战略自主"的愿景。马克龙自 2017 年当选法国总统以来，一直是力推欧盟"战略自主"最重要的领导人之一。德国总理朔尔茨也主张加强欧盟自主权，到 2025 年建立欧盟快速反应部队，并为欧洲武装部队建立真正的欧盟总部。单从主观意愿上看，欧洲并不缺乏对战略自主的渴望和期盼。

在乌克兰危机的背景下，欧盟在加强自身"战略自主"方面确实取得了一些过去难以想象的进展。主要是出于对自身国防和军事安全的担心，加大军事开支的力度，欧盟在军事能力建设上迈出了步伐。突出表现在两件事情上：

一是德国等国大幅增加军费开支。德国朔尔茨政府在乌克兰危机爆发三天后便提出所谓的"特别国防基金"，将为联邦国防军增加 1 000 亿欧元的额外预算，用于更新和补充装备。这笔基金将使德国国防开支达到北约规定的占国内生产总值 2% 的目标，也使德国成为世界第三大军费开支国。此前，德国的国防支出一直徘徊在 GDP 的 1.5% 左右，即使美国特朗普政府多次施压德国提高军费开支也进展不大。目前德国政府的提议已经被德国议会通过，写入德国宪法修正案，并排除"债务刹车"条款（即联邦政府结构性赤字不能超过 GDP 的 0.35% 的规定）的限制。朔尔茨表示，德国很快将拥有北约框架内最大规模常规军队，将显著加强德国及其盟友的安全。波兰在 2022 年 3 月通过了《国土防御法》，并表示从 2023 年开始将本国军费开支增加至 GDP 的 3%。另外包括捷克、斯洛伐克、斯洛文尼亚、拉脱维亚等国也纷纷表示会在一到两年内实现北约规定的 2% 的军费开支目标。

二是欧盟层面军事能力建设的进展。2020 年 6 月，在德国倡议下，欧盟开始草拟《安全与防务战略指南针》文件，一项核心内容是在 2025 年前建立一支最多由 5 000 人组成的快速反应部队。该文件已于 2022 年 3 月由欧盟理事会通过。欧盟外交和安全政策高级代表博雷利 2022 年 10 月 17 日表示，欧盟已同意组建总部设在布鲁塞尔的欧盟乌克兰军事援助团，为乌克兰武装部队提供个人、集体和专业培训，并计划两年内在欧盟国家境内培训 1.5 万名乌克兰士兵。军事援助任务旨在为增强乌克兰武装部队的军事能力做出贡献，以使乌克兰能够捍卫其领土完整。俄罗斯《独立报》的报道评论称，如此一来，是欧盟而不只是北约或是个别欧洲国家，正直接且正式地参与到对乌武装力量的军事支持当中。

然而，真正意义上的欧盟战略自主，至少应包括以下三个方面的要素。一是军事和安全上的战略自主。欧盟要能够真正为自身的国防和军事安全负责，不必依靠外部力量，排除外部力量干预。二是能源安全上的战略自主。欧盟要能够基本实现能源的自给自足，或者退一步讲，要能够以合适的价格从可靠的来源获得长期稳定而充足的能源供给。三是经济和产业安全上的战略自主。欧盟要能够确保关键产业链供应链的安全，确保自身优势产业的全球竞争力。

从这个标准来看，欧盟"战略自主"性在乌克兰危机的背景下并未出现实质性提高，反而发生严重下降。即便"北溪-1"和"北溪-2"两条能源大动脉"蹊跷"被炸，幕后黑手一目了然，欧洲也只能忍气吞声。军事和安全方面，乌克兰危机爆发后，美国不断向欧洲增派军队。美国欧洲司令部司令沃尔特斯明确表示，即便乌克兰危机结束，美国仍然需要增加在欧洲的驻军。长期保持中立的瑞典和芬兰2022年5月申请加入北约，北约进一步强化了对欧洲的控制。更重要的是，欧洲能源安全和产业安全的程度严重下降。在乌克兰危机下，欧洲认为对俄罗斯的能源依赖是当前麻烦的根源，意欲迅速摆脱对近在咫尺、廉价而充足的俄罗斯能源的依赖，罔顾"即使在冷战时期，俄罗斯也是一个可靠的能源供应商"[1]的事实。作为替代措施，欧洲只能在俄罗斯之外满世界找油找气。美国作为欧洲的民主伙伴和价值观盟友，是欧洲采购油气的重要来源，但欧洲也不得不接受美国开出的"4倍的价格"。

事实上，早在20世纪70年代，美国政府就对苏联修建通往西欧的油气管道坚决反对，将其视为欧洲摆脱对美依赖、苏联加强对欧渗透之举。连接德国和俄罗斯的"北溪-2"输气管道，自奥巴马政府到特朗普政府再到拜登政府，美国的反对是一以贯之

---

[1] 德国前总理默克尔2022年10月13日在一场活动中的讲话。

的。但在欧洲支持和配合下，包括"北溪-2"在内的众多油气管道都得以修建完成。然而，乌克兰危机改变了这一切："北溪-1"和"北溪-2"管道莫名发生巨大爆炸，欧洲弃俄"气"而用美"气"，将自身的能源命脉拱手交予美国。自此以后，欧洲对美国的依赖，除了军事之外还要加上能源。

但美国的能源供应还远远不够，欧洲还需要在中东、非洲、拉美和中亚等地寻找可靠的能源卖家。麻烦之处在于，全球能源贸易的买卖关系早已通过长期合同确定，无论是新开发油气田，还是新建输油输气管道、LNG运输船、接收终端、再气化设施、储气设施，都至少需要两到三年的准备时间。这造成欧洲短期内陷入能源短缺、物价飞涨、产能下降、产业外流的二战后绝无仅有的窘境。任由事态发展下去，欧洲引以为傲的制造业根底将彻底崩塌瓦解，经济和产业将严重受制于人，失去维护战略自主的基本资格。

（五）欧洲一体化进程面临严峻考验

二战结束以来，欧洲从法国、德国、意大利、比利时、荷兰、卢森堡6国组成的煤钢共同体起步，发展成为有27个成员国的欧盟，是当今世界一体化程度最高的区域经济一体化组织。欧洲一体化的巨大成就，是在二战后相对稳定的政治经济环境下取得的。到20世纪80年代末，其成员国已经增加到12个。冷战结束后，由于地缘政治形势缓和，欧盟分别在1995年、2004年、2007年和2013年迎来四次扩大，成员增加到28个。

2016年英国全民公投决定"脱欧"，2020年初欧盟正式批准英国"脱欧",是欧洲一体化进程中的一次重大挫折。但英国"脱欧"也有其特殊性,主要是由于英国长期存在浓厚的"疑欧"心态,这在英国加入欧盟前身欧共体的进程中以及英国未加入欧元区等一系列事件中已经得到了充分证明。

乌克兰危机及其引发的能源危机,目前仍在发展演化的过程之中,影响尚未完全显现,但就其已经产生的后果来看,其影响已经超越英国"脱欧",甚至已经超越"欧债危机",成为欧洲一体化进程中前所未有的严峻考验。欧盟成员国围绕对俄制裁、能源补贴、能源价格上限、能源运输管道等一系列关系自己切身利益的问题展开了激烈的斗争。

一是"一致通过"原则的去留问题。在对俄制裁问题上,匈牙利出于维护自身利益的考虑,多次投票反对,使得欧盟多次受挫。为此,德国多次提出要废除欧盟在外交和安全事务上的"一致通过"原则,逐步过渡为"特定多数同意",以利成员国就外交政策等重要事务协调立场。这一对欧盟决策机制的重大变革,将在欧盟内部投下一颗"重磅炸弹",引发成员国之间的矛盾和斗争。"一致通过"原则可谓是欧盟内部小国对大国、弱国对强国进行制衡的强有力工具,可以使小国避免沦为大国的附庸、彻底丧失话语权。要废除"一致通过"原则首先将受到以匈牙利、波兰为代表的中东欧国家的反对。有报道称,已经有13个欧盟中小成员国明确对此表达了反对。波兰外长呼吁欧盟进行决策程序改革,以加强较小成员国的作用。如果朔尔茨强行推动废除"一致通过"原则,不排除会有一些国家退出欧盟,同时也会让想加入欧盟的国家望而却步。

二是德国与其他成员国的矛盾凸显，尤其是德法矛盾突出。一直以来，德法两国都是欧洲一体化的"双核""双驱动"。欧洲一体化在德法和解中诞生和起步，随着德法两国关系的深化和发展而不断向前推进。尽管德法两国的利益和立场并不是总能完全保持一致，但两国总能找到解决问题的办法，共同举起欧洲一体化的大旗。然而，在乌克兰危机的背景下，新上台的德国政府和法国之间的潜在矛盾公开化，并不断扩大。由于法德两国在能源政策和国防等问题上存在分歧，原定于2022年10月下旬举行的两国年度部长级会议推迟至2023年1月。其中包括德国在没有事先告知法国的情况下，公布了2 000亿欧元能源计划，以实现国内能源价格下降的目标。法国还反对德国和西班牙推动修建穿越西法边境比利牛斯山脉的MidCat天然气管道计划，主要原因在于：一个是环境因素，另一个是认为当前法国与西班牙之间的天然气管道尚未得到充分利用。不仅如此，法国还对德国主导的、从包括美国在内的国家而非从欧洲采购防空系统的行为持怀疑态度。

三、能源大危机下的中欧竞合方略

习近平主席指出，"中欧关系关乎全球格局稳定和亚欧大陆繁荣，值得双方努力维护好、发展好。中方始终视欧洲为全面战略伙伴，支持欧盟'战略自主'，希望欧洲稳定繁荣，坚持中欧关系不针对、不依附、也不受制于第三方。形势越是复杂困难，中欧就越要坚持相互尊重、互利共赢、对话合作。"①中国在能源领域的基本国情是"富煤缺油少气",国内煤炭供给基本处于紧平衡状态,不具备大规模出口的能力。但在新能源领域,中国在全球范围内具有自身独特的竞争优势。在欧洲出现能源大危机的背景下,中方愿同欧方激活在新能源等领域的合作活力,围绕应对气候变化等全球性问题共同寻找解决方案,为中欧关系长期稳定发展创造条件。

与此同时,按照党的二十大报告所指引的方向,要"依托我国超大规模市场优势,以国内大循环吸引全球资源要素,增强国内国际两个市场两种资源联动效应,提升贸易投资合作质量和水平","深度参与全球产业分工和合作,维护多元稳定的国际经济格局和经贸关系"。通过中欧在新能源和气候变化领域合作,提升我国新能源领域对外开放水平,提升产业链供应链韧性和安全水平,推动经济社会发展绿色化、低碳化,为推动应对气候变化全球治理做出中国贡献。

(一)发挥中欧各自优势共同推动全球新能源革命

中国在新能源领域,有技术、有产能、有基建能力、有成本优势,欧洲在技术方面同样具有领先优势,更重要的是有需求,因此中欧是天然的合作伙伴。在全球绿色低碳转型和欧洲能源危机背景下,中欧加强在新能源领域合作,符合双方共同利益。

从产业链角度看,中国已经展现出了很强的国际竞争力。中

---

① 2022年11月4日,习近平主席会见德国总理朔尔茨时讲话。

国拥有全球近三分之一的可再生能源技术专利,并在绿色供应链所必需的关键矿产、工业流程、零部件生产和组装等领域居于世界领先地位。近年来,中国可再生能源特别是光伏产业快速发展。根据索比咨询的数据,我国光伏组件企业出货量占全球总需求的75%。在新能源发展中,锂电池和生产锂电池的稀有金属是必不可少的。根据欧盟委员会的数据,目前全球锂离子电池产量中只有1%来自欧洲,66%来自中国。在提炼金属方面,58%的锂和全球近三分之二的钴生产都是在中国进行的。在新能源汽车方面,根据乘用车市场信息联席会的数据,2021年我国新能源乘用车销量在全球市场份额占比达到53%,在全球纯电动车销量份额占比高达61%。

欧盟在智能电网、氢能网络、碳捕集与封存以及建立安全、可循环和可持续的电池价值链等低碳技术研究领域居于世界领先地位。欧洲不仅是全球第二大光伏装机市场,也是最大的组件进口市场,2021年全球占比46%。虽然欧洲大力支持本土光伏制造,但产业链的产能配置仍需要时间,短期来看该地区光伏绝大部分产品仍依赖进口。在能源转型及碳中和的大趋势下,欧洲国家包括德国、荷兰、希腊、西班牙、葡萄牙、波兰的组件进口都达到GW级以上。在电动汽车领域,欧洲计划到2035年逐步淘汰汽油和柴油动力汽车。目前,欧洲的电动汽车销量正在快速增长。根据欧洲汽车制造商协会的数据,2022上半年在欧盟销售的新车中约十分之一是纯电动车。

近年来,中欧双方在新能源领域开展了良好的合作。根据PV-infolink数据,2021年我国对欧洲出口光伏组件40.9 GW,较前一年的26.7 GW同比增长54%，占据我国光伏组件出口总体份额的45%。2022年1—8月，中国累计出口光伏组件1.08亿千瓦，同比增长96%，已经超越2021年全年8 880万千瓦的总出口规模；同期，中国累计对欧出口组件6 001万千瓦，相比去年同期增长127%，占中国出口光伏组件的56%。中国风电企业与欧洲合作，在地中海、北海建造海上风电项目。

在新能源汽车方面，2021年中国出口至欧洲的新能源汽车大幅增长至18.9万辆，占全年中国新能源汽车出口的61%；2022年前8月，我国车企向欧洲出口新能源汽车19.3万辆，已超过2021年全年。在欧洲市场，中国品牌已经占据10%的电动车市场份额。德国汽车租赁龙头企业SIXT与比亚迪达成合作协议，将在未来6年内采购10万辆比亚迪新能源车。

然而，在乌克兰危机的背景下，欧盟内部有声音警告欧洲不要对中国光伏和新能源形成依赖，否则就会出现像依赖俄罗斯能源一样的局面。欧盟能源专员卡德里·西姆森（Kadri Simson）表示，欧盟委员会要将制造业带回欧洲，创建欧洲的光伏生产线，并为这一目标"不惜一切代价"。为提升自身在新能源领域的竞争力，欧洲正在对碳排放标准、劳工标准等方面设置的越来越多的障碍。中欧在新能源领域的合作未来面临以下几个方面的挑战。

一是碳足迹。2022年3月，欧洲议会通过了《欧盟新电池法规》，以更严格的要求驱动电池产业的绿色低碳转型。从2024年7月1日开始，只有申报了碳足迹的电池才能投放到欧洲市场。2027年，欧洲将禁售超过最大碳足迹限值的电池。欧盟还强制要求进行电池回收，重复利用镍、钴、锂等金属，减轻环保和原材料方面的压力。此外，欧盟还将强制对电池的整个供应链进行尽职调查，包括从原材料提炼、电芯生产到电池使用过程中所涉及的社会和环境风险。2022年3月30日，欧盟委员会发布《2022—2024年生态设计和能效标签工作计划》。该计划将涉及光伏组件、逆变器和系统，这些产品未来必须达到包括碳足迹在内的环境标准，才能进入欧盟市场。

二是禁止"强迫劳动"产品。2022年6月9日，欧洲议会通过《反强迫劳动海关措施决议》，要求在欧盟各国海关采取措施禁止"强迫劳动的产品"进入欧盟市场。2022年9月14日，欧盟委员会主席冯德莱恩发布一项立法提案，正式提议禁止"强迫劳动"产品进入欧市场。提案针对的是所有在欧盟制造的供国内消费和出口的产品，以及进口商品（如果涉及强迫劳动性质），不针对特定公司、行业或地区。欧委会执行副总裁兼贸易专员东布罗夫斯基斯表示："我们的目标是将所有'强迫劳动'生产的产品从欧盟市场上清除出去。"理论上，包括光伏等出口至欧盟的所有中国产品，都是法案针对的目标。欧委会要求成员国政府承担举证责任来证明货物与强迫劳动相关，而非美国"维吾尔强迫劳动预防法案"适用的是"可反驳性推定"，推定所有中国新疆产品均涉及"强迫劳动"。从落地执行时间来看，提案需经欧洲议会和欧盟理事会讨论同意后才能立法生效，且将在生效24个月后才开始执行。从对中国光伏产品出口影响的角度而言，近期尚不足为虑，但未来一旦该提案生效并执行，还是会受到一定的负面影响。

三是欧洲电网的消纳能力不足。2022年10月，匈牙利政府宣布，暂停家庭光伏发电的上网，未来没有获得许可的太阳能电池板产生的电力,将无限期地不会被电网接受。匈牙利政府给出的解释是,匈牙利目前正在建设的光伏发电设施,其上网需求已经超出了该国电网的承受能力,未来必须改变规则。2021年,匈牙利太阳能发电厂在电力总产量中的份额达到11.1%,是整个欧盟的最高比率。电网无法消纳新增光伏发电的问题,并非孤立现象。对于光伏装机比较集中、电网消纳能力又相对薄弱的国家而言,可能会成为普遍挑战。

面对欧洲新能源市场大发展的前景,中国要抓住契机,将新能源领域作为改善中欧关系的抓手和引擎,通过增加对欧出口、赴欧开展投资等多种方式,加强和深化在太阳能、风能、氢能、储能、新能源汽车等领域与欧洲的合作,做欧盟在新能源领域可靠和负责任的合作伙伴,一方面推动自身在新能源领域的发展,引领全球能源转型、绿色转型的潮流,另一方面将新能源领域的合作打造成中欧整体合作的样板,为中欧关系注入更多正能量。

与此同时,中国也要做好充分准备,确保中欧新能源领域合作行稳致远。一是企业要适时调整生产销售布局,避免市场过度集中,为可能的"反垄断""反倾销"举措未雨绸缪,抱团取暖而不是竞相压价、单打独斗,避免陷入被动局面;二是包括光伏产业和电动汽车电池行业在内的中国新能源行业,需要提前行动,率先开展碳足迹评价工作,建立碳标签制度,持续减少全产业链的碳排放,避免欧洲未来以"碳足迹"为由将中国产品拒之门外;三是赴欧投资经营的中国企业要避免产业布局在地理上过于集中在单一国家,将供应链的核心企业和环节分散布局在不同的欧洲国家,使得某一个国家无法单独掌控整个产业链,同时中国企业也需注重保护核心技术，做好备份计划；四是吸引欧洲企业投资中国新能源行业，与中国本土企业和本土供应链形成紧密的利益关联，借鉴欧洲企业在碳足迹管理、节能减排等方面的先进经验，推动双方共同做大做强；五是要深化与德国、法国、丹麦、荷兰等国在风能、氢能、生物质能、环境技术、节能技术等领域的交流合作，推动中国的"碳达峰碳中和"进程。

（二）加强中欧能源领域第三方市场合作

第三方市场合作是中国在"一带一路"建设中创立的国际合作新模式，主要指中国企业与有关国家企业在优势互补的基础上，共同在第三方市场开展经济合作。2015年6月，中法两国政府正式发表《中法关于第三方市场合作的联合声明》，首次提出"第三方市场合作"的概念。截至2019年，中方已与法国、日本、意大利、英国等14个国家签署了第三方市场合作文件。

在能源危机的背景下，中欧可以在以下两个方面加强第三方市场合作：

一是加强与欧方在第三方市场油气勘探开发、管线建设、炼化设施等领域的合作。随着油气价格上涨，海湾国家、非洲、中亚等大多提出将扩大能源开采和生产规模，计划投资建设新的能源管线，但相关国家往往缺少足够的资金和技术，这为中欧联合投资油气项目提供了契机。

二是在可再生能源开发和可再生能源电力方面加强中欧第三方市场合作。在能源危机的背景下，跨国进口电力，甚至跨洲进口电力，成为欧洲国家的现实诉求。2022年10月27日，沙特与希腊两国能源部长举行视频会议,讨论了两国在可再生能源领域开展合作,以及通过促进两国电力互联将清洁能源出口至希腊等欧洲国家。双方强调氢能的重要性,讨论沙特通过希腊向欧洲运输氢能的"最佳方式"。这表明,若干年前由民间推动的利用沙漠太阳能发电远程输往欧洲的计划,如今已在政府层面公开进行严肃讨论。

专栏 5-1

撒哈拉沙漠"太阳能农场"计划

在过去十多年里,科学家们一直在研究如何利用撒哈拉沙漠丰富的太阳能资源满足当地日益增长的能源需求,并最终为欧洲提供电力,以及这项计划对于撒哈拉沙漠本身和全球气候与环境的影响。模型的结果极其诱人:利用所谓的聚光太阳能发电(CSP)技术,使用不足撒哈拉沙漠面积1%的土地,便可满足相当于2005年全球的总耗电量。而且,项目还能让撒哈拉沙漠重现生机。2009年,科学家和私人投资者在德国组成了一个名为"DESERTEC"的基金会推动此事,但5年后大部分投资者以成本高昂为由撤出,该项目现在已基本崩溃。

中国在高端输电技术上位于全球领先地位。其中,柔性直流技术是目前世界上灵活性较高、适应性较强的新一代输电技术,是支撑能源转型和新型电力系统构建的重要技术手段。与此同时,中国电网企业特高压输电技术全球领先，超远距离输电项目经验丰富，并培养了大量特高压输电相关人才。截至 2020 年年底，中国已建成"14 交 16 直"、在建"2 交 3 直"共 35 个特高压工程，在运在建特高压线路总长度 4.8 万千米。

在此情形下，中国以特高压技术为代表的高端输电技术，将能够为欧洲跨洲际进口电力助一臂之力。中欧双方可以在中东、北非、中亚等欧洲周边地区开展第三方市场合作，共同开发当地的太阳能、风能、氢能等可再生能源，通过远距离输电的方式将电力输往欧洲，维护欧洲的电力安全。

（三）拓展深化中欧应对气候变化全方位合作

气候变化事关人类未来，只有各方通力合作才能有效应对。在目前全球温室气体排放的主要经济体中，中国和欧盟两者排放量合计所占的比重超过 30%。中欧双方在共同应对气候变化方面存在合作基础。2005 年 9 月，中欧共同发布《中国和欧盟气候变化联合宣言》，建立气候变化双边伙伴关系。2014 年，中欧合作完成了中国碳市场的设计和实施，随后中国在七省市开展区域性碳排放交易试点。据中国气候变化事务特使解振华 2015 年介绍，在欧盟专家和有关机构的大力支持下，1 000 多名中国碳市场的管理和技术人员获得了培训。面对欧洲能源危机下全球气候变化更为复杂严峻的挑战，中欧双方应该携起手来，加强应对气候变化合作，将应对气候变化领域作为改善中欧关系的重要突破口。

正如世界贸易组织前总干事帕斯卡尔·拉米（Pascal Lamy）所言，中欧双方可以在碳排放权交易体系（ETS）、贸易、科技、金融、海洋和森林六个领域展开合作。在 ETS 方面，中欧双方可以在碳定价方面找到更多共同点，合作使用碳定价政策工具进行减排。中国要逐步扩大全国碳市场的行业覆盖范围，丰富交易主体、交易品种和交易方式。欧洲在这方面起步较早，中国可以向欧洲学习经验与教训。

在贸易领域，中欧双方可以在欧洲碳边境调整机制方面加强沟通交流，中方要呼吁欧方在碳边境调节机制（CBAM）中落实"共同但有区别的责任"原则。在技术领域，双方在环保技术、碳捕获、利用与封存（CCUS）技术、太阳能工程以及核能方面存在合作空间。在海洋合作方面，双方可将着眼点放在生物多样性保护以及低碳发展，特别是在南极洲保护方面。双方还可以在国家管辖海域外的生物多样性协定方面展开更多讨论，以尽快确定落地。在保护森林方面，中欧要共同关注全球范围内的砍伐森林问题，推动全球造林。另外，G20 排放量占全球温室气体排放量的近 80%，在更大的减排雄心及尽快付诸行动上具有特殊责任。中欧可按照共同但有区别的责任原则，推动 G20 在应对气候变化方面率先行动，力促 2030 年前实现全球排放减少 45%。

与此同时，为了全世界更好应对气候变化，确保在乌克兰危机前连续多年形成的全球应对气候的良好局面不被耽误和逆转，中国要及时站出来，敦促欧洲不要因应对能源危机而放松对应对气候变化的承诺。当前，在乌克兰危机和欧洲能源危机的背景下，欧洲能源转型和应对气候变化的进程遇到了严重的阻力，出现了大步的后退。为应对天然气短缺，欧洲大量使用煤炭甚至木柴，对于全球环境保护和气候变化已经产生了大量不可逆的破坏。无论是欧洲各国政府还是国际组织，或者环保组织，都对此默不作声，淡化和漠视欧洲重新"拥抱"煤炭和核能等对于气候变化的影响。

作为全球应对气候变化进程负责任的一员，中国应该及时发声，联合广大发展中国家，尤其是那些受气候变化影响较严重的国家，呼吁欧洲国家重申其对自身承诺的气候变化目标的坚定承诺。以2022年《联合国气候变化框架公约》（以下简称《公约》）达成30周年为契机，坚持《公约》的主渠道地位，坚持《巴黎协定》"加强《公约》实施"的定位，全面准确落实《公约》及其《巴黎协定》的目标原则，特别是共同但有区别的责任等原则和国家自主贡献的制度安排，坚持"2度以内、争取1.5度"的全球温控目标，共建公平合理、合作共赢的应对气候变化全球治理体系。敦促包括欧洲在内的西方国家尽快兑现每年给予发展中国家1 000亿美元的资金支持承诺，并以1 000亿美元为起点制定更富雄心的2021—2025年气候资金路线图以及2025年后发达国家新的集体量化资金目标，以增进南北互信和行动合力。

（四）以能源贸易为依托创新中欧金融合作

诞生于2002年的欧元，承载着欧洲政治精英对于推动欧洲一体化的期许。欧元问世之初，表现可圈可点，给美元造成了很大压力。然而，自欧债危机爆发以来，欧元的国际货币地位已持续受到削弱。国际清算银行的调查显示，2010年欧元在全球外汇交易中的占比为39.1%，为此项调查开始以来的最高水平。受2010年欧债危机的影响，2013年欧元在全球外汇交易中的占比大幅下降到 33%，2016 年进一步降至 31.4%，2019 年小幅反弹到 32.3%，2022 年又跌至 30.5%。

特朗普政府时期，美欧双方矛盾激化，欧盟清醒地认识到必须将国际支付、结算渠道掌握在自己手中，将推动欧元国际化作为维护自身经济利益的路径。2018 年 9 月，时任欧盟委员会主席让 – 克洛德·容克（Jean-Claude Juncker）发表年度"盟情咨文"时表示，欧洲 80% 的能源进口交易使用美元支付，这种情况需要改变。2018 年 12 月，欧盟委员会公布《欧元：迈向更强大的国际角色》计划，提出在能源市场等重要战略市场签订国际协议时使用欧元。时任欧盟气候行动和能源专员米格尔·阿里西斯·卡涅特（Miguel Arias Canete）表示，欧盟委员会希望价格报告机构和市场参与者考虑以欧元计价的原油价格基准。2021 年开始，欧盟积极推动欧元国际化，通过扩大欧元安全资产供给（发行欧盟下一代复兴基金债券）、提升欧元在关键商品中的计价比例等措施拓展欧元的国际影响力。

然而，欧盟推动欧元国际化的步伐终究还是慢了。在乌克兰危机及其引发的欧洲能源危机的背景下，欧元兑美元汇率创 20 年新低，跌破平价，反映出全世界对欧元的信心低迷。在欧盟与俄罗斯的能源贸易关系破裂、"北溪 –1" 和 "北溪 –2" 管道被炸、欧盟日渐依赖美国石油和天然气供给的背景下，欧盟作为多极世界中一极的地位和欧元作为国际主要货币的地位，都需要打上一个大大的问号。

站在中国的角度，在大国博弈加剧的情况下，中国面临的"长臂管辖"压力越来越大，亟须维护自身在国际贸易、投资、结算中的安全,推动人民币国际化。一方面,中国要充分吸收借鉴欧元国际化中的经验教训,避免重蹈欧元的覆辙。另一方面,要顺应当前国际能源贸易和其它贸易中本币结算的潮流,以中欧在新能源领域的贸易投资为突破口,推动与欧盟双边贸易中使用欧元和人民币进行结算,降低汇率风险。

第六章①
欧洲制造大转移：重塑中欧竞合新格局

制造业是关乎国家民族命运的基石，是国民经济的主体，是立国之本、兴国之器、强国之基。撼山易，撼中国制造难。从制造大国到制造强国，中国追赶世界先进水平的紧迫感依然强烈，这种紧迫感深植在民族记忆里，并因"百年未有之大变局"的外部变化继续加强。全球制造业格局重构是世界百年未有之大变局的缩影，欧洲制造业大转移对中国而言既是机遇，也是挑战。未来中欧双方应考虑如何做大共同市场，并实现"利益对接"。

一、全球制造业加速"链变"

（一）国际金融危机以来全球制造业增加值增长趋于停滞

从长期趋势来看，2008年以来制造业全球化受阻，全球制造业增长缓慢。2008—2021年间，全球制造业增加值占GDP的比重

---

① 本章由张茉楠博士、孙珮博士共同执笔完成。

一直徘徊在16%左右,制造业增加值年均增速1.1%,远低于世界经济3.1%的平均增速(见图6-1)。其主要原因有三:一是生产率增长出现停滞,劳动力成本上升和资本回报下降相叠加,导致全球制造业增长动能减弱;二是新技术革命带来产业链、供应链、价值链的重组和洗牌,但对经济增长的贡献尚未抵消旧经济收缩带来的减速效应;三是贸易和投资保护对要素流动和全球价值链的阻碍效果逐渐显现,并在长期内产生负面影响。从全球产业链参与度来看,虽然全球平均关税在2008年短暂回升后继续下降,但产业链的全球分工程度并未回到增长的轨道。

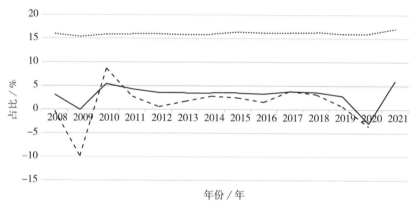

图6-1 全球制造业增加值增速远低于全球经济增速

数据来源:世界银行(World Bank)、国际货币基金组织(IMF)

(二)新一轮全球制造业转移与结构重组加速推进

随着全球经济发展进入深度调整期,制造业正成为各国重构竞争优势和大国博弈的关键节点。从总体趋势上看,全球产业链供应链正在发生重要的结构性变化,对全球制造业竞争格局,以及我国制造业体系及吸引外国直接投资格局产生重大而深远的影响。

1. 最显著的变化：由全球分工向区域内分工转变

冷战结束后，各国普遍实施市场经济体制，扩大开放参与国际分工，世界经济进入真正的"大循环"，形成了美欧提供消费市场和服务、东亚经济体提供工业制成品、资源富集国提供能矿资源的"三角循环"格局。尤其是近年来，全球产业链供应链形成了亚洲、北美、欧洲三大区域中心，中国、美国和德国分别成为区域供应链关键节点国家。围绕这三个中心国家，全球形成了不同规模的产业链供应链联通的区域大市场。1998—2020年间，上述三大区域的中间品贸易额持续增加（见表6-1），并呈现出以各区域内主要工业国为核心、中心国家与周边国家之间的中间品贸易为主体的区域化特征。2020年中国、德国和美国的中间品进口额占相应区域中间品进口总额的比重分别为61%、44%和52%，成为区域产业链供应链的"核心节点"和制造业中心。

表6-1　三大区域不同时期贸易额占世界贸易比重

区域	2001年	2010年	2020年
RCEP	19.4%	25.4%	28.55%
北美	21.6%	15.1%	15.4%
欧盟	34.4%	30.9%	29.9%

注：1. 本文所指北美区域包括美国、加拿大、墨西哥三国；2. 为保证数据的可比性与连续性，欧盟贸易额仍以包含英国在内的28国计。

2. 第二大变化："效率优先"转向"效率优先"与"安全优先"平衡

大国博弈、新冠肺炎疫情、乌克兰危机等变量成为当前影响全球产业链供应链的重大外部冲击,安全因素推动全球产业链供应链布局重构加速,产业链供应链重点由"效率优先"转向"效率优先"与"安全优先"平衡,提升产业链供应链韧性成为重要目标。美国、欧盟、日本等主要经济体以"国家安全"为名,调整产业政策,通过政治干预全球产业链供应链,特别对半导体、生物制药等高科技关键制造业的产业供应链布局强行调整。

3. 第三大变化:产业链供应链区域化、近岸化态势愈发凸显

随着一些国家推进制造业产业链供应链"分散化""区域化"和"扁平化"战略,将高度分散的生产工序和环节,逐步收缩到一个国家或邻近国家进行生产,推动其供应链近岸化布局,通过"邻近采购""邻近生产""友岸外包",缩短供应链长度,减少供应链中的风险环节。根据《全球价值链发展报告2021:超越生产》报告测算,以2008年国际金融危机为转折点,全球价值链参与度由快速扩张转向收缩放缓的阶段性变化清晰可辨,直接表现为全球以中间品贸易为主的间接出口增速明显放缓。在全球出口大国中,除了美国有小幅上升之外,中国、德国、荷兰和法国的间接出口增速均有较大幅度下降,其中尤以中国的变化最为显著,中国间接出口增速由2000—2010年的20%,大幅回落至2010—2020年的4.6%,这不仅反映出国内配套改善带动本地化程度提高,更是中国经济内循环增强的集中表现。

4. 第四大变化:制造业重构呈现显著的行业差异化特征,不同类型的制造业重构形式呈现出较大的差异性

深度嵌入全球价值链的行业将以本土化、多元化为主。根据联合国贸易发展会议(UNCTAD)的研究,深度嵌入全球价值链的

产业重构将以本土化和多元化为主，而原本区域分散的产业将进一步区域化。深度嵌入全球价值链的行业主要是汽车、电子、机械设备等高技术含量的产业，以及纺织服装等劳动密集型产业，两类产业的共同特点是原材料、中间品和最终产品的标准化程度高，运输成本低。而食品饮料、化学等行业，由于运输成本高或依赖于当地禀赋，分散在各地区。汽车、电子等高技术含量产业趋于本土化。全球范围的撤资活动开始上升，对供应链安全稳定的需求压倒了效率，如日本、美国均把半导体、汽车作为回流的重点。纺织服装等中低技术的劳动密集型产业趋于多元化。

资源密集型产业出现民族主义倾向。近年来，全球资源类领域显露出资源民族主义倾向，主要矿产资源国家越来越重视战略资源，纷纷颁布本国的战略和关键矿产目录，通过税费等多种手段加强战略资源管控和安全供应。例如，巴西对矿业管理体制进行大刀阔斧的改革，成立负责矿业监管的国家矿产局，建立战略矿产目录，提高矿业权利金，将税基从净销售额改为销售总收入，并根据价格变化实行浮动税率。一些非洲国家也不同程度地上调了矿产的权利金税率。2019 年，印度尼西亚宣布全面禁止镍矿出口。随着镍钴锂开采、正极材料制造、动力电池生产、汽车制造等项目的引进，该国的电动汽车产业链逐渐完善，这有助于印度尼西亚成为新能源汽车生产中心。

劳动密集型产业呈多元化布局。由于美欧国家高制造成本，制造业特别是劳动密集型和资本密集型制造业向美欧大规模回流的可能性并不大，但分散化生产或供应链多元化将成为未来全球供应链调整的重要方向。尤其是美国推动制造业向墨西哥、巴西等拉美国家转移,德法英等欧洲国家推动制造业向东欧和土耳其等国家转移的"周边化生产""近岸外包""友岸外包",未来将成为美欧推动全球供应链本地化和周边化的战略重点。原因有两方面;一方面是,地理上这些国家毗邻,可以提高供应链经济效率;另一方面是,政治上美欧工业强国对这些国家具有很强的影响力,可以确保自身供应链安全。

受此影响,全球制造业跨境直接投资(FDI)也呈现出明显分化。2017—2021年,全球制造业FDI流入规模从6 755.7亿美元降至5 010亿美元,下降了25.8%;占全球FDI流入规模比重从2017年48.5%的高位下降至2021年的30.4%。UNCTAD数据显示,当前全球投资者对制造业和全球价值链的信心依然疲软,尽管2021年全球制造业投资项目数量增加了8%,但仍比过去10年的平均水平低了约四分之一,除信息通信、电子电气设备行业外,其他行业平均FDI仍比疫情前低30%,不同行业制造业投资出现了明显分化。

从全球制造业FDI投资行业分布看,2012—2021年间,食品/饮料及烟草、纺织品、服装和皮革等传统制造业投资份额与波动变化相对较小,而其余重点投资领域,如计算机与电子产品、化工、汽车和机械制造行业,其吸引投资规模和增速起伏都相对较大,其中,计算机与电子产品等中高端制造投资稳步增长。特别是近年以来,中国、美国、欧洲、日本、韩国纷纷出台国家战略及扶持政策,加大在半导体、人工智能、数字经济等信息技术相关领域的布局,全球电子信息制造领域正在经历重新排位的竞争。此外,新冠肺炎疫情大流行也推升了医疗制造业和药品制造

表 6-2　2012—2021 年全球制造业按部门/行业绿地 FDI 项目金额

单位：百万美元

部门/行业	2012年	2013年	2014年	2015年	2016年	2017年	2018年	2019年	2020年	2021年
制造业	283 129	323 854	329 658	327 915	301 863	348 762	468 103	402 313	240 270	296 579
食品、饮料和烟草	18 623	21 588	21 413	23 064	22 713	27 873	27 723	21 013	17 513	19 139
纺织品、服装和皮革	14 389	27 377	30 474	25 533	25 276	26 047	23 877	23 316	11 214	13 080
木制品	442	1 097	1 082	1 885	2 011	1 869	1 552	1 494	1 404	1 636
纸和纸制品	3 784	3 729	4 800	4 486	3 714	9 628	9 561	13 467	6 413	4 130
印刷	86	276	131	218	489	206	369	134	133	103
焦炭和精炼石油	15 850	21 790	29 070	37 828	21 608	14 761	84 098	94 338	29 676	5 821
化学品	49 841	48 771	41 459	38 640	44 414	64 195	82 997	46 898	40 175	28 026
药品	7 059	10 378	11 886	13 343	12 336	13 198	15 580	14 230	15 068	19 016
橡胶和塑料制品	10 085	15 029	8 758	9 941	9 440	11 966	11 126	10 854	5 248	5 639
其他非金属矿产品	7 374	13 138	9 943	12 713	8 817	11 550	13 371	13 011	4 611	8 870
基础金属及金属制品	26 775	36 891	22 243	26 923	22 719	16 664	31 195	16 798	8 157	12 082
电子电气设备	28 023	35 495	34 568	44 131	45 392	61 374	60 678	52 812	46 869	120 016
机械和工具	12 509	12 023	13 154	11 960	9 216	11 407	12 132	12 303	7 162	7 736
汽车	73 649	57 175	83 472	62 460	56 242	59 914	74 432	62 350	33 034	34 167
家具	4 457	4 839	5 337	3 888	4 165	6 612	7 788	8 474	5 086	6 273
其他制造业	10 183	14 259	11 866	10 901	13 311	11 500	11 626	10 820	8 508	10 845

数据来源：UNCTAD、fDi Markets

业跨国投资。数据显示，计算机/通信和其他电子设备制造业投资、医疗制造业/药品制造业领域，无论是金额还是数量都保持较快增长。2021年全球制造业绿地投资金额为2 966亿美元（见表6-2）。流向医药制造业和电子电气设备制造业的投资占全球制造业绿地投资的46.8%，其中信息和通信、电子电气设备、汽车、运输和储存同比增速较快，分别增长26%、21%和17%；食品/饮料和烟草、纺织品/服装和皮革、药品、橡胶和塑料制品、机械和工具、木制品，以及其他制造业投资保持平稳增长；而电力和燃气供应、焦炭和精炼石油、化学品等投资则出现了明显下滑（见表6-3）。

表6-3 2020—2021年全球制造业绿地投资规模及增速

部门/行业	项目（超过十亿美元）/亿美元		增长率/%	规模/亿美元		增长率/%
	2020	2021		2020	2021	
全部	575	659	15	13 248	14 710	11
制造业	240	297	23	5 258	5 688	8
按价值计算的前十个行业						
电子电气设备	47	120	156	882	1 028	17
信息和通信	85	104	23	2 962	3 743	26
电力和燃气供应	103	90	-13	546	484	-11
建筑	33	49	49	320	329	3
汽车	33	34	3	571	692	21
运输和储存	27	33	25	639	737	15
化学品	40	28	-30	452	445	-2
食品、饮料和烟草	18	19	9	432	431	0
药品	15	19	26	360	378	5

数据来源：UNCTAD

二、欧洲制造深陷"去工业化"困境：现状与趋势

（一）欧洲制造业大转移：动因、重点与流向

1. 能源危机驱动欧洲制造业大转移

当前，支撑低通胀的全球化红利正告一段落。无论是供给侧的供应链危机，还是发达经济体实施财政政策和财政赤字货币化所引发的需求侧膨胀，以及地缘政治冲突导致的能源冲击，全球通胀为近几十年来所罕见。过去一年，全球通货膨胀率从不足2%上升到超过6%，创2008年以来的最高水平，欧美等发达经济体通胀更是达到40年来的新高。通胀涉及全球90%的经济体，世界正进入高成本的全球化时代。

高通胀和持续飙升的能源价格严重损害了欧洲制造业的整体竞争力。失去了低廉的能源红利，欧洲制造业遭遇到前所未有的冲击。2022年以来，欧洲能源价格飙涨，导致欧洲部分上游企业生产成本大幅抬升，严重侵蚀利润、打压生产景气。暴涨的能源价格除了令欧洲老百姓苦不堪言，也在直接冲击欧洲工业界的众多领域。尤其是对于成本格外敏感的行业，在利润相对稀薄而成本不断攀升的背景下，更是举步维艰。包含电解铝、精炼锌、化肥在内的部分上游行业，能源成本占总生产成本的比重很高。在能源价格飙涨的背景下，相关企业只能被迫减产、甚至停产。欧盟是全球第二大化工品生产地区。2020年全球化学品销售额为3.47万亿欧元，整个欧洲地区为6 276亿欧元，占比18.1%，位列世界第二，仅次于中国1.55万亿（44.55%）。在2022年全球化工企业50强中，欧洲

地区占据 18 家。一旦出现大幅减产，欧洲化工业将受到全面影响（见表 6-4）。

表 6-4　2022 年全球化工企业 50 强中欧洲企业排名

全球排名	名称	总部	营业收入／亿欧元
1	巴斯夫 BASF	德国	930
6	英力士 Ineos	英国	399
13	林德 Linde	英国	279
14	法液空 Air Liquide	法国	271
15	先正达 Syngenta	瑞士（中石化旗下）	249
21	科思创 Covestro	德国	188
23	赢创 Evonik	德国	177
24	壳牌 Shell	英国	170
26	亚拉 Yara	挪威	166
32	优美科 Umicore	比利时	136
33	索尔维 Solvary	比利时	135
34	拜耳 Bayer	德国	127
37	阿科玛 Arkema	法国	113
39	帝斯曼 DSM	荷兰	109
42	庄信万丰 Johnson Matthey	英国	104
44	欧洲化学 Eurochem	瑞士	102
45	北欧化工 Borealis	奥地利	102
49	朗盛 Lanxess	德国	89

数据来源：IFIND

为缓解能源危机，加速摆脱对俄罗斯的能源依赖，欧洲推出短期、中期措施，但难解本年内能源之殇。欧盟宣布将于 2022 年把自俄罗斯天然气的进口量减少三分之二，并将在 2030 年前彻底结束对俄罗斯天然气的依赖。作为权宜之计，欧洲短期加大储气建设，中期重启核电建设。但目前看，重启核电等立法前景尚不明朗，储气建设需耗费大量投资，存在落地阻力，LNG进口则面临强力竞争，能源之殇或仍将持续，对制造业竞争力的损害短期内不会消退。

在能源危机和持续高通胀的背景下，惨淡的欧洲制造业正在寻求向外转移。企业长时间停工减产会导致市场迅速流失，与全球产业链"脱钩"，因此企业只能选择将生产转移到能源成本较低、承接能力较好、盈利能力较强的地区。欧洲此次制造业转移，一方面是正在进行的全球产业链重构的延续，另一方面是能源成本飙升、通胀高企和经济衰退下欧洲制造业给全球产业链布局带来的新变化。

2. 成本账逼走欧洲能源密集型制造业

能源价格上涨严重抑制了欧洲汽车、化工、机械等优势制造业的生产，给这些欧洲制造行业带来了冲击。化工业的气耗和能耗双高，能源消费量占欧盟占工业消费量的21%。在能源危机加剧的情况下，欧洲的化工业成为最有可能转移的行业。非金属矿产、钢铁、运输设备、机械、有色金属等也面临减产和转移的风险。

从贸易数据来看，欧盟相应的加大了减产、停产产品的进口，主要集中在有机化学品，电机、电气、音响设备及零部件，核反应堆、锅炉及零部件，以及车辆及其零部件等产品。在受能源成本冲击，制造业减产、停产的情况下，欧盟加大进口以满足自身的生产和消费需求，欧盟频繁出现贸易逆差。2022年7月，欧元区进口额同比上升44.0%，贸易逆差达339亿美元。德国第二季度贸易差额下降至20年来的最低水平；法国在2022年8月贸易逆差达153亿欧元，为1997年1月以来最大的贸易逆差。

德国占欧盟对华贸易的47%以上,在欧洲对华生产转移上,德中贸易结构具有一定代表性。2022年第二季度贸易数据显示,德国加大了从中国进口有机化学品,电机、电气、音响设备及零部件,核反应堆、锅炉及零部件,以及车辆及其零部件等产品。因此,德国向中国生产转移幅度最大的产品主要有四大类:

一是有机化学。由于大量化工企业减产停产,精细化工产品的生产和供应受到相应影响,化工行业下游产品的进口提升,有机化学品中的内酰胺Q2、三聚氰胺、柠檬酸等贸易额变化幅度较大。二是电气设备。在供应链紊乱、能源危机的冲击下,德国加大了电气设备的进口。贸易差额变动较大的产品有蓄电池、半导体器件、集成电路、变压器等(见表6-5)。三是机械设备。作为高耗能产业钢铁和有色金属的下游产品,包括通用设备和零部件以及专用设备等机械设备产能受能源价格影响较大。贸易差额变动较大的产品有阀门轴承、发动机、机床、农用机械、推土机等。四是汽车及零部件。变速箱和车身零部件是贸易差额变动最大的产品,这一部分产品可能由于生产受限而被迫加大进口;另一方面,能源危机加速欧洲绿色转型,促进了我国新能源等相关产品出口。除此之外,在一些附加值偏低的高耗能品类上,欧洲向中国生产转移的幅度也较大,包括钢铁和钢铁制品、铝及其制品、塑料及其制品和服装鞋靴等。

表6-5 2022年第二季度德国贸易差额　　　　单位:亿欧元

HS编码	品类	22Q2德国对华出口	22Q2德国从华进口	22Q贸易差额
29	有机化学品	2.7	122.3	-119.6

续表

HS 编码	品类	22Q2 德国对华出口	22Q2 德国从华进口	22Q 贸易差额
85	电机、电气、音响设备及其零部件	49.1	136.7	-87.6
84	核反应堆、锅炉、机械器具及零件	55.2	97.6	-42.4
87	车辆及其零部件	81.4	13.3	68.1
73	钢铁制品	3.9	11.1	-7.2
90	光学、照相、医疗等设备及其零部件	25.1	12.8	12.3
61	服装及衣着附件；针织品	0	9.9	-9.9
64	鞋靴及其零件	0.1	8.7	-8.6
89	船舶及其浮动结构体	0	1.6	-1.6
39	塑料制品	7.9	11.7	-3.8
62	服装及衣着附件；非针织	0.1	9.8	-9.7
94	家具、寝具及灯具等	0.8	16.9	-16.1
76	铝及其制品	0.8	3.2	-2.4
72	钢铁制品	1.7	1.9	-0.2
42	皮革制品；箱包等	4.6	0.2	4.4
15 类商品总计		233.4	457.7	-224.3

数据来源：国际贸易中心（ITC）

从投资走向来看，欧洲投资主要集中于以高端技术制造产业为主的几大行业，包括汽车、食品加工、制药/生物技术、化学品和消费品制造在内的五大行业。目前在这五大行业的投资占到了所有欧洲对华直接投资比例的近70%。其中，欧洲对华汽车行业的投资比重最大。两年来，欧盟在华汽车业的投资占投资总额的三分之一。2022年上半年，汽车行业的投资额比重迅速扩大，因为德国汽车制造商宝马已将其在中国的合资公司——华晨宝马的股份从50%增加至75%，其他欧洲汽车制造商也纷纷将资金投入到中国新的设施建设中，以赶上电动汽车的转型浪潮。

3. 中美成欧洲本轮制造业转移首选目的地

本轮欧洲制造业转移主要选择了美国和中国，除了出口订单转移之外，制造业产能转移是重头戏。

美国是欧盟产业转移和投资的重要目的地。相对来说，美国具有较好的技术基础，以及更稳定的能源价格。欧洲陷入能源危机美国趁机巧取豪夺。能源出口方面，金融信息服务提供商路孚特公司的数据显示，美国2022年9月出港货船装载的液化天然气达630万吨，其中近70%被运往欧洲。据欧洲多家媒体报道，美国公司每艘驶往欧洲的液化天然气运输船可赚取超过1亿美元利润。美国能源巨头埃克森美孚公司2022年第二季度利润达179亿美元，创历史新高，远超去年同期的46.9亿美元。

美国趁机抢夺包括欧洲在内的全球制造业的战略意图也十分明显。2008年国际金融危机后，美国就在积极推动"再工业化战略"引导制造业回流，但实际上效果甚微，而此次乌克兰危机和欧洲能源危机正好成为美国在全球制造业竞争格局大调整下重新洗牌、削弱并争夺欧洲制造业的好机会。美国此举也引起了欧洲警觉。比利时首相德克罗就警告称："欧洲正经历大规模去工业化的风险。"法国经济和财政部长勒梅尔也批评美国经济霸权，主张双方建立"更加平衡"的经济关系。

一方面，美欧在能源价格上的溢价导致欧洲制造业向美国转移。美国近来公布一系列针对制造业和绿色能源的刺激、支持措施，专门生产化学品、电池和其他能源密集型产品的公司将从这些政策中受益。德国机械设备制造业联合会最近进行的一项调查显示，三分之二的公司希望增加在美国的生产能力。

另一方面，美国推动保护主义政策削弱欧洲的竞争优势。美国近期又通过了《通胀削减法案》（IRA）等较为强势的政府支持措施，加大了对外资产业向内转移。2022年上半年，欧盟加大了在美国的投资和扩产力度。截至2022年9月，美国俄克拉荷马州已吸引了60余家德国企业前往和扩大投资，其中汉莎航空、西门子、阿尔迪和费森尤斯4家企业已累计扩大投资近3亿美元。

例如，在汽车行业中，大众集团2022年6月启动了电池实验室，并计划到2027年在北美投资71亿美元；奔驰公司在2022年3月在美国开设了新的电池工厂；宝马宣布了2022年10月将进行新一轮电动汽车投资。在生物制药行业，德国制药巨头拜耳向波士顿一家新生物技术中心投资1亿美元。化工行业的德国赢创工业集团在美国设立创新中心，并计划后续投资2亿美元在美建立生产基地。

德国化工巨头巴斯夫希望在2022年至2026年间在北美投资250亿美元，约占全球投资的15%。但是，根据全美制造商协会（NAM）的调查，美国企业面临的危机也在加剧，包括供应链中断、成本激增和劳动力市场紧张等问题。随着美联储持续提高利率，企业还面临着更高的借贷成本。

事实上，欧盟对《通胀削减法案》表达了忧虑，甚至感觉受到"背刺"。在美国推出包括3 690亿美元新能源技术补贴的《通胀削减法案》后，欧盟表态，该法案正在损害欧盟的工业基础并违反了世界贸易组织有关美国等国不得歧视进口产品的规则，认为该法案中的补贴对欧盟的汽车、可再生能源、电池和能源密集型等行业构成歧视，且对欧盟工业竞争力和投资决策产生重大影响。法国总统马克龙还呼吁制定所谓的《购买欧洲产品法案》，并建议欧盟应该增加自己的国家补贴。《通胀削减法案》或将为美欧贸易关系带来新变数，甚至引发一场"有害的全球补贴竞赛"。高技术制造业向美国转移是结构性变化还是一个临时性变化有待观察。

中国也是本轮欧洲制造业转移的主要目的地。商务部数据显示，2022年1—8月欧盟对华投资增长123.7%。据德国中央银行数据，2022年上半年，德国对中国市场的直接投资达101亿欧元，而2021年同期为62亿欧元，创造了德国投资中国的历史新高。巴斯夫集团近日最终批准总投资100亿欧元的湛江一体化基地项目，汽车零部件供应商海拉宣布扩建常州生产基地产能。

另外，此次对中国的投资体现出了两大特点：一是高技术制造业的增长显著。高技术产业实际使用外资同比增长33.6%，是同期中国整体吸收外资增速的两倍有余。其中高技术制造业同比增长43%，高技术服务业同比增长31%，高技术制造业成为外商投资的重点领域；二是近期的外国直接投资集中在我国的中西部地区。截至2022年8月，我国光伏、风能资源密集的西部地区外商直接投资同比增长约43%，中部、东部分别为28%、14%，制造业转移的区域特性明显。

（二）欧洲制造业大转移：趋势性变化还是临时性变化？

当前，判断欧洲"去工业化"和制造业大转移是"永久性"的还为时尚早。无论是对全球产业转移大趋势，还是欧洲自身战略调整都不足以做出绝对性的判断。特别是欧盟的"战略自主"

和能源转型的决心，注定此次欧盟制造业转移是为了保留欧盟产能和市场而做出的调整，并非欧盟的长期化举措。一旦欧盟的能源危机有所缓解，或者完成了能源转型升级，不排除欧盟制造业大举回流的可能性。

1. 动因：全球产业链重构大环境与欧洲能源危机交织

如前文分析，全球产业链重构进入加速期，呈现"本土化"和"友岸化"趋势。新冠肺炎疫情和乌克兰危机促使产业链重构进入加速期。2008 年美国金融危机以后，西方发达国家就开始推动"制造业回归"计划。发达国家和跨国企业进一步审视产业链的稳定性和安全性，推动产业链重构，主张建立"安全、稳定、有韧性"的供应链。从特朗普到拜登，美国政府更先后出台《2021 战略竞争法案》《美国创新与竞争法案》《2022 年美国竞争法案》等法案，推动全球产业链重构，在关键产业链供应链上寻求与中国脱钩。日本围绕促进制造业企业回归本土、在东南亚地区实现生产多元化两个方向重构产业链。值得注意的是，相比过去以效率和利益为纽带，如今的全球化呈现出以价值观为导向的主权化和阵营化特点。因此，此次发达国家推动产业链重构还呈现一定程度的"去中国化"特点。

欧盟也并不例外，在中美贸易战、新冠肺炎疫情、乌克兰危机的一系列影响下，供应链稳定性受到严峻考验，欧盟试图推动战略性产品产业链重构，开始评估并规划减少在关键领域对单一国家的进口依赖（见表 6-6）。2021 年 5 月，欧委会宣布升级其工业战略，希望加强单一市场弹性，并在原材料、半导体和电池等六个战略领域减少对中国和其他外国供应商的依赖。同时指出，欧盟有137种产品,为所谓的"高度依赖品",这些产品占欧盟商品进口总值的6%,主要来自能源密集型产业、健康生态系统、与支持绿色和数字化转型相关的其他产业。其中,这些进口依赖产品约有一半来自中国,其次是越南和巴西。2022年2月8日,欧盟委员会公布欧盟《芯片法案》,希望通过增加投资、加强研发,扩大欧盟芯片产能在全球市场占比,防止对国际市场过度依赖。

表6-6 2021—2022年欧盟推动产业链重构的政策表现

发布时间	名称	主要影响
2021年3月	《强制性供应链尽职调查倡议》和《可持续公司治理倡议》	更加强有力地推动企业可持续治理
2021年9月	《欧盟印太合作战略报告》	强化与亚洲新兴国家经贸,在地区安全上扮演更加积极和有效的角色
2021年10月	欧盟与中国台湾地区的协议	与中国台湾地区深化政治关系,谈判双边投资协定,将中国台湾地区纳入欧盟"印太战略"
2021年12月	《全球门户》	欧盟试图通过自己的基础设施建设计划,与"一带一路"竞争的意图明显
2021年5月	《针对扭曲内部市场的外国政府补贴的条例》	给予欧盟新的法律工具以应对外国政府的补贴对单一市场的扭曲
2021年9月	"国际采购工具"(IPI)	可将中国企业排除在欧盟的公共采购合同之外,并成为其对中国施压开放公共采购市场的又一筹码
2021年12月	《反经济胁迫工具》	被认为是使欧盟能够反击域外国家的"经济胁迫"新的政策工具。美国、中国和俄罗斯都被认为是欧盟这一政策的针对对象
2022年2月	《供应链尽职调查法案》	大幅收紧供应链监管,要求相关公司检查其整个供应链中是否存在违反环境、气候和人权的供应商
2022年2月	《芯片法案》	扩大欧盟芯片产能在全球市场占比,并防止对国际市场过度依赖

数据来源:根据公开资料整理

除了关键战略产业，欧盟对企业可持续发展的监管越来越严格，推动了劳动密集型产业链重构。2021年3月欧盟委员会发布和推进《强制性供应链尽职调查倡议》和《可持续公司治理倡议》，试图更加强有力地推动企业可持续治理。2022年2月，欧盟委员会正式提出《关于企业可持续尽职调查指令的立法提案》（《供应链法》草案），大幅收紧供应链监管，要求相关公司检查其整个供应链中是否存在违反环境、气候和人权的供应商，增强企业的供应链合规成本和难度。

此外，欧盟在全球范围内寻求合作伙伴推动产业链多元化布局。欧盟与越南在2020年签署了双边贸易协定。该协定生效的第一年欧盟将取消85.6%的越南商品进口关税，而7年和10年内99%以上的双向出口关税也将被取消。同时，欧盟积极推行"印太战略"和建设自由贸易区，进一步重构全球价值链。2021年欧盟发布的《欧盟印太合作战略报告》，显现出欲通过"印太战略"强化与亚洲新兴国家经贸关系以弱化与中国的经贸关系的意图。此外，欧盟还抓紧同印度尼西亚、菲律宾、泰国进行自贸谈判，力求打造对中国备份和替代的产业链体系。

在这一大背景下，乌克兰危机后，深陷能源危机和经济困境促使欧盟制造业外移自救。欧盟在高端制造、化工等领域具有传统优势，但是在乌克兰危机和高企的能源危机的影响下，目前深陷高通胀和高电价的泥潭。许多工厂被迫减产，产量大幅下降，出口减少。而欧盟需要大量从海外进口更便宜的化工制品以满足国内生产生活需要，导致贸易逆差迅速扩大。欧盟是出口导向型经济，欧盟出口减少，如果持续下去会导致欧盟出口产品被替代，出口市场份额丢失。为应对短期危机，欧盟必须保留自身产能，保持市场占有率，因此被迫进行制造业外移以保持市场优势。

值得高度重视的是，欧盟推动的绿色贸易和碳关税可能会加速部分行业回流欧美。2022年6月，美国民主党参议员向参议院金融委员会提交了一项碳关税的立法提案即《清洁竞争法案》，对高碳美国产品和进口产品征收碳税。而德国、英国、日等也在探索加入"碳关税俱乐部"统一战线。尽管，短期内欧洲能源贸易结构中煤炭占比会有所提升，欧盟碳关税等相关规则实施可能会减缓，但长期看，发达经济体可能进一步加速向可再生能源和低碳绿色产业结构转型。按照欧盟的碳边境调节机制的制度安排，欧盟碳关税征收对象仅为欧盟进口商，其中一项理由就是防止欧洲本土公司为逃避严格的温室气体减排政策而外迁，这可能将增强欧盟产业竞争力，促进生产基地回迁欧洲、资本回流欧洲，加速全球产业链供应链重构。中长期看，随着储能和光伏逐渐成为新的国际战略产业，欧洲或将通过在储能电池可持续性、回收利用、碳足迹认证等方面制定更高要求和标准，设置绿色贸易壁垒以争取产业发展有利地位。

2. 方向：寻找"安全"与"效率"的平衡点

欧盟工业"战略自主"方向不会改变，本轮欧盟制造业转移并非长期化趋势。乌克兰危机背景下，国际局势深刻演变，欧洲实现"战略自主"的紧迫性前所未有凸显。欧洲试图在安全、经济、数字化、应对气候变化与卫生健康等五个领域实现"战略自主"。虽然乌克兰危机暴露了欧在安全领域的短板，但欧盟坚持"战略自主"的方向没有变，乌克兰危机后欧洲更加注重加强军事领域的建设。欧盟在工业领域本就具备优势,工业领域是其推进"战略自主"的重要领域。

2020年3月,欧盟在发布的《欧洲新工业战略》中表明,欧盟将促进建议更加公平透明的竞争环境,作为保护欧洲工业全球竞争力的重要路径。基于新的战略目标,欧盟计划推出1 000亿欧元的科技转型主权财富基金,支持企业在关键零部件、关键技术、新材料、食品药品、基础设施、数据安全等战略领域降低对外国资本的依赖,重视依靠欧洲国家内部团结与合作机制,解决企业转型的融资问题,维护欧盟本土产业链完整,从而保持高度的工业竞争力和"战略自主"性,这一方向在短期内不会改变。

欧盟趁势摆脱对俄化石能源依赖加紧新能源布局。欧洲在乌克兰危机中,在能源、安全、经济等方面付出沉重代价。欧洲正处在严重的能源危机和通货膨胀压力之下。目前,欧洲各国正出台短、中、长期的应对措施,通过增加原油、天然气库存、加强能源来源多元化和加速可再生能源转型等措施,以应对日益加剧的能源危机。虽面临诸多挑战,但欧洲正逐步减少对俄传统化石能源依赖,其加强能源供应安全、加快可再生能源部署的既定方向较为明确,能源转型速度甚至将进一步加快。长期来看,欧洲最终可能会艰难走出危机,并在弥补能源短板方面迈出一大步,欧盟能源危机届时会得到逐步缓解。

因此,结合欧盟工业"战略自主"的雄心,以及欧盟在能源领域坚持摆脱对俄能源依赖、加快传统和新能源布局的措施来看,欧盟将制造业外移是被迫举动。而欧盟在艰难摆脱能源危机后,势必会促进外移制造业回归欧洲。综合研判,未来全球制造业转移与竞争格局也将呈现四大特征。

一是关键行业一定程度回归本土，但回归规模会受当地成本制约。关系国计民生的重要原材、零配件、中间投入品尤其是医疗医药等产业的全球价值链，跨国公司可能搬迁回本国，以形成政府和社会所要求的自主可控。但这一方向将始终会受到当地成本条件的限制，在全球通货膨胀加剧趋势的影响下，未来制造业大批回归欧美等发达国家仍不现实。

二是产业链区域化程度将加深。不少跨国公司开始质疑长距离供应链，选择从离岸生产模式转向近岸、在岸生产模式。跨国公司的供应链系统会要求更加体现自主性和可控性，对实时生产模式和全球分散生产的态度变得更加保守，这样会使企业始终保持一定的生产剩余和配置上更加靠近国内。例如，对美国而言，尽管美国本土的制造业衰落，如果生产回归本土受限，可能会转向墨西哥、拉美等靠近国家。

三是产业链将进一步分散化、多元化布局。2020年新冠肺炎疫情暴发后，许多国家开始寻求供应链布局多元化。供应链布局不会再集中于某一区域，而可能是在全球多个主要国家分散布局。例如，东亚和东南亚供应链很有可能在形成以"中国大陆+"为特点的分散化。短期内由于东南亚国家的整体工业能力偏弱，中游的转移需要时间，但产业链向东南亚转移的趋势会逐渐加强。

四是更加靠近市场、靠近创新。市场依然是跨国公司考虑的重要因素。靠近市场、就地生产的布局依然是趋势之一。中国巨大的内需消费市场对于很多跨国公司仍然极富吸引力，也将对跨国公司的产业链布局起到强有力的锚定作用。比如，欧盟对美国和中国的出口占比分别达到 19.5%、8.7%，中国和美国分别是欧盟出口的主要市场。此次制造业转移，除了考虑能源价格，欧盟选择靠近市场，加强了对中美两国的投资。此外，中国迅速崛起的创新实力和创新环境也对外资形成强大的吸引力。如今，德国汽车制造商如果要保持全球竞争力，不仅要接触中国消费者，还要接触中国的技术专长。2007—2017 年的 10 年间，梅赛德斯-奔驰、大众和宝马在中国只设立了 5 家研发中心。但自 2018 年以来的 4 年间，德企已经在华设立了 11 家研发中心。因此，外资企业已经不仅仅满足于在华销售产品，而是成为中国创新生态的重要参与者，并与全球竞争者展开竞争。

综合研判，欧洲制造业在华生产发展是机遇还是挑战，每个欧洲企业心里都有一本自己的账要算。总体而言，不外乎是对商业逻辑与政治逻辑进行一番综合评判比较，然后再做出最终决策。从商业逻辑角度来看，中欧的利益账是一本大账，机遇是无穷的。对于参与跨国竞争的企业而言，当前中国在市场、成本、供应链、创新等多方面均具备一定优势，在华生产对于欧洲企业存在明确的吸引力：产业链供应链完整、成本相对适中；国内市场日益巨大、消费者接受度高、创新研发能力不断提高等。不过从另一面即政治逻辑角度来看，当前中西方包括中欧之间地缘政治关系充满矛盾张力也是影响欧洲制造业转移的重要变量。

三、制造业中欧竞合格局重塑：挑战与机遇

在乌克兰危机所导致的供应链紊乱、能源危机，以及通货膨

胀大幅攀升三重压力的冲击下，欧洲制造业中涉及化工、金属、汽车等能源密集型制造业正遭遇重创，被迫迁移或者去工业化，欧洲头部制造业公司或加速寻求产能转移方案，中国有望凭借其成本及供应链优势承接较大部分的产业链转移，但机遇与挑战并存，"中国制造"能否把握承接欧洲工业外迁浪潮，迎来新一轮红利面临不确定性的考验。

（一）中欧制造业的竞合现状

1. 出口：相互依存、做大市场

贸易分散化作为产业链分散化的先导，对产业链的布局有一定影响。贸易的出口数据可以反映一个地区产业和经济发展，以及该地区在全球产业链中的参与程度。在以下的分析中，中国是全球货物和服务贸易出口占比最大的国家，且属于2015—2021年全球为数不多的占比不断扩大的国家之一。在占比份额排名前30的国家中，欧盟国家有8个，整体占世界的四分之一，在全球货物和服务贸易占比举足轻重。中国和欧盟的经贸合作促进了两方在经贸领域的发展，保证了量贸易额在全球的占比，做大了中欧之间的利益蛋糕（见表6-7）。

表6-7 2015—2021年全球主要国家和地区货物及服务贸易额占比　　单位：%

国家/地区	2015年	2016年	2017年	2018年	2019年	2020年	2021年
中国	11.58	10.98	11.00	10.99	11.08	12.71	13.77
美国*	11.12	11.14	10.81	10.49	10.61	9.91	8.13
德国	7.72	7.98	7.90	7.79	7.64	7.80	7.78
法国	3.66	3.73	3.64	3.66	3.63	3.42	3.41
英国	3.94	3.83	3.68	3.66	3.76	3.65	3.34

续表

国家/地区	2015年	2016年	2017年	2018年	2019年	2020年	2021年
荷兰	3.10	3.11	3.15	3.20	3.16	3.32	3.30
日本*	3.80	4.01	3.93	3.82	3.77	3.66	3.05
中国香港	2.97	2.99	2.92	2.82	2.72	2.84	2.91
韩国	3.09	3.00	3.01	2.98	2.73	2.79	2.91
新加坡	2.69	2.62	2.67	2.76	2.77	2.93	2.85
意大利	2.68	2.75	2.73	2.72	2.68	2.61	2.67
爱尔兰	1.74	1.81	1.84	1.96	2.15	2.61	2.61
印度	2.04	2.19	2.26	2.23	2.23	2.33	2.56
加拿大	2.43	2.40	2.35	2.31	2.34	2.26	2.37
瑞士	2.15	2.28	2.08	2.01	2.02	2.19	2.21
俄罗斯	1.92	1.65	1.86	2.11	2.03	1.77	2.12
墨西哥	1.98	1.99	1.98	1.99	2.08	2.01	2.03
比利时	1.76	1.89	1.90	1.87	1.85	1.95	1.99
西班牙	1.97	2.08	2.09	2.07	2.05	1.83	1.93
波兰	1.15	1.22	1.29	1.34	1.39	1.57	1.59
澳大利亚	1.33	1.16	1.28	1.29	1.42	1.49	1.33
阿联酋*	1.77	1.80	1.74	1.63	1.70	1.57	1.28
巴西	1.14	1.12	1.17	1.16	1.11	1.14	1.25
泰国	1.33	1.38	1.38	1.36	1.36	1.20	1.14
瑞典	1.08	1.10	1.07	1.05	1.08	1.13	1.13
沙特阿拉伯	1.07	1.00	1.09	1.30	1.20	0.86	1.12
土耳其	1.04	1.00	1.01	1.00	1.05	0.96	1.12
奥地利	0.99	1.04	1.02	1.04	1.04	1.04	1.04
马来西亚	1.03	1.00	1.01	1.02	1.02	0.97	1.00
印度尼西亚	0.89	0.89	0.93	0.91	0.88	0.85	0.99
30国（地区）总和	85.19	85.16	84.83	84.54	84.54	85.36	84.92

数据来源：世界银行（The World Bank）

* 美国、日本和阿联酋2021年出口总额根据5年出口额增长率测算得出；世界总和为有可得数据的172个国家或地区出口额总值。

中国的全球出口占比增速仍为全球第一。尽管受新冠肺炎疫情的影响，中国仍然是2020年为数不多的在出口贸易额增速和出口占比方面有所提高的国家。在近几年全球主要国家和地区的商品和服务出口贸易额占比中，中国2021年在全球的占比为13.77%，比2015年在全球的出口占比提高了2.19%，占比增长位居第一；其次为爱尔兰，2015—2021年在全球出口份额的占比增长了0.86%；第三位是印度，份额占比增长0.52%。另外，波兰、比利时、俄罗斯、荷兰、新加坡、巴西、瑞士、德国、墨西哥、瑞典均为正值。在过去六年里，实现正增长的发展中国家仅有中国、印度、巴西和墨西哥（见图6-2）。

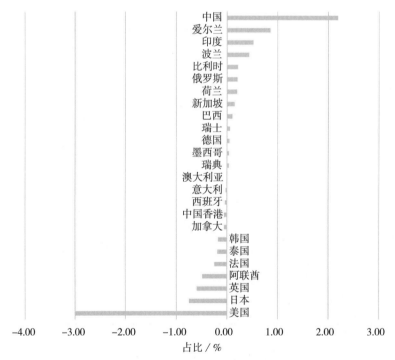

图6-2 2021年全球主要国家和地区货物及服务贸易出口占比变化
数据来源：联合国商品贸易统计数据库（UN Comtrade）

美国出口贸易额连续三年下降。全球出口份额下降较大的是美国，2015—2021年，美国的出口份额占比从2015年的11.12%下降到了2021年的8.13%，下降了2.99%。2019年美国发动中美贸易战后，并未促进美国本土产品出口，出口贸易额不升反降；2020年新冠肺炎疫情加剧了美国出口贸易额的下降；2021年全球主要经济体均有不同程度反弹和增长，美国的出口贸易额仍下降了1.28%。美国的贸易保护措施加剧，并未增加其本土在全球贸易领域的优势（见表6-8）；试图重振美国制造业，在贸易份额上也并未有直接成果体现。贸易额下降第二严重的是日本，其全球贸易份额占比共减少了0.75%。下降第三位的是英国，其贸易份额占比减少了0.6%；另外，阿联酋、法国、泰国、韩国等国家在全球出口份额占比均有下降。

表6-8 2015—2021年全球主要国家和地区货物及服务贸易额同比增长   单位：%

国家/地区	2015年	2016年	2017年	2018年	2019年	2020年	2021年
中国	-4.09	-6.86	10.19	9.55	-1.00	3.59	30.31
美国	-4.57	-1.61	6.79	6.28	-0.54	-15.73	-1.28
德国	-11.20	1.48	8.89	8.08	-3.64	-7.88	20.02
法国	-11.93	0.24	7.37	10.20	-2.60	-14.96	19.99
英国	-7.38	-4.40	5.53	9.12	0.86	-12.39	10.00
荷兰	-11.97	-1.46	11.51	11.31	-2.94	-5.29	19.62
日本	-9.14	3.67	7.95	6.44	-3.19	-12.26	0.24
中国香港	-2.41	-1.00	7.44	5.68	-5.33	-5.72	23.45
韩国	-11.25	-4.46	10.41	8.24	-9.85	-7.97	25.71
新加坡	-9.09	-4.38	11.97	13.18	-1.15	-4.66	16.94
意大利	-13.28	0.87	9.52	8.78	-3.09	-12.07	23.00
爱尔兰	24.90	2.15	11.83	16.56	7.82	9.36	20.39
印度	-11.01	5.48	13.33	8.10	-1.74	-5.70	32.34

续表

国家/地区	2015年	2016年	2017年	2018年	2019年	2020年	2021年
加拿大	-13.49	-2.90	7.77	7.36	-0.20	-13.08	26.46
瑞士	-6.51	4.27	0.36	6.14	-1.45	-2.20	21.24
俄罗斯	-29.90	-15.65	24.42	24.26	-5.67	-21.07	44.15
墨西哥	-3.50	-1.26	9.22	9.98	2.66	-12.61	21.42
比利时	-15.80	5.12	10.60	7.87	-2.48	-5.09	22.62
西班牙	-12.43	3.90	10.45	8.30	-2.55	-19.41	26.84
波兰	-8.43	4.63	16.20	13.79	1.96	1.31	22.47
澳大利亚	-12.45	-14.21	21.12	10.93	7.69	-5.34	7.45
阿联酋	-9.99	-0.17	6.49	2.30	2.85	-17.03	-1.44
巴西	-14.04	-3.71	15.40	8.60	-5.70	-8.04	32.91
泰国	-2.57	2.15	9.75	7.99	-1.46	-20.41	14.32
瑞典	-12.20	-0.42	7.48	7.24	0.59	-5.43	20.23
沙特阿拉伯	-38.51	-7.87	19.48	31.22	-9.23	-35.58	57.37
土耳其	-10.41	-5.32	11.42	8.42	2.29	-16.81	39.83
奥地利	-14.18	2.30	8.72	11.89	-2.23	-9.68	19.78
马来西亚	-16.11	-3.88	11.06	10.09	-3.09	-13.15	24.03
印度尼西亚	-13.60	-2.35	15.20	6.82	-4.96	-12.12	39.86
30国（地区）总和	-9.41	-1.78	9.58	9.21	-1.75	-8.89	19.73

数据来源：世界银行（The World Bank）

欧盟国家出口贸易额占全球四分之一且较为平稳。在占比前30的国家里，欧盟国家有8个，占世界出口整体比重为25.86%。欧盟27国的整体占比会更高。其中欧盟经济领头羊德国、法国以及荷兰的占比为7.78%、3.42%和3.34%。欧盟成员国的贸易占比整体较为平稳。2015—2021年，除了爱尔兰出口贸易额占比上升较大，其他国家基本属于小范围上下浮动，出口贸易额占比一直变化不大。欧盟制造业基础扎实，服务贸易水平全球领先、目前，欧盟是全球货物贸易的第一大出口商和服务贸易第二大出口商，地位举足轻重。在受到新冠肺炎疫情和乌克兰危机影响导致贸易条件大幅恶化之前，欧盟贸易长期保持顺差。

2. 投资：优势互补、利益交融

2021年，德国、法国和英国合计占中国投资总额的39%，而中国在欧盟的投资也实现了3%的增长，中欧投资合作继续深化。欧盟在汽车、医药、航空、精密仪器等高端制造业以及医疗、运输、金融等服务业具有较强的竞争优势。现阶段中国对欧盟投资规模仍较小，且多集中在制造业。中国对欧投资领域主要是消费品、汽车等领域。其中，荷兰获得了最多的中国投资，其次是德国和法国。高瓴资本收购飞利浦业务，使荷兰成为2021年中国投资的最大目的地。汽车业活动受到中国对电动汽车（EV）电池的绿地投资的推动。这两个行业合计占总投资额的59%。

除此之外，中国对欧盟的健康、制药和生物技术及信息和通信技术领域均有投资。2021年，中国贸促会与普华永道中国对512家中国与在华欧盟企业的调查显示，48%的受访者表示将在近三年内考虑在欧盟投资。其中，18%的受访者将在三年内投资，30%的受访者正在评估机会。这从侧面反映出，未来中国对欧盟投资的增长空间较大。中欧投资集中在双方互有优势的制造业领域，合作持续深化，两国的投资为对方在本国制造业补齐短板和产业升级方面提供了资金和动力，合作前景依然很大。

3. 产业链：竞合并存、互利共赢

中国离不开世界，世界也离不开中国。中国在全球贸易和投资中仍然占据主导地位。这背后的核心竞争力是我国完备的制造业体系和庞大的市场。2015年，我国已成为唯一拥有联合国工业大类目录中所有工业门类制造能力的国家。我国在电子、机械和设备领域已经全面融入全球价值链。

同欧洲和世界其他国家相比，我国制造业工业增加值全球第一。截至2021年，我国制造业增加值达到4.87万亿美元，占全球制造业总增加值的32.3%。这一比值当前仍在以每年1%的速度提升。作为传统制造业强国的日本和德国，2021年其制造业增加值合计占全球比重为11.8%，美国占比15.8%，英国仅占1.9%。东南亚新兴国家合计占6.2%。在500种主要工业产品中，我国有40%以上产品的产量位居世界第一（见表6-9）。

现阶段，我国处于制造业转型升级的关键阶段，虽然我国制造业体量大、门类全，但我国分品类的出口金额占比和进口金额占比分布仍然高度一致，说明我国在整体上仍以加工制造为主。

表6-9 2021年世界主要经济体的制造业增加值及其占全球比重

序号	国家或地区	增加值/亿美元	增加值的全球占比/%
1	中国	48 658.2	32.3
2	美国*	23 847.3	15.8
3	日本*	10 140.8	6.7
4	德国	7 722.5	5.1
5	韩国	4 566.0	3.0
6	印度	4 465.0	3.0
7	意大利	3 198.4	2.1
8	英国	2 793.9	1.9
9	法国	2 698.0	1.8
10	俄罗斯	2 569.6	1.7
11	墨西哥	2 321.1	1.5
12	印度尼西亚	2 283.2	1.5
13	爱尔兰	1 843.1	1.2
14	土耳其	1 792.3	1.2

续表

序号	国家或地区	增加值/亿美元	增加值的全球占比/%
15	西班牙	1 614.3	1.1
16	巴西	1 551.9	1.0
17	瑞士	1 531.3	1.0
18	泰国	1 366.8	0.9
19	波兰	1 166.7	0.8
20	荷兰	1 104.6	0.7
20 国合计		127 235	84.5
世界*		139 823	100

数据来源：世界银行

* 美国、日本 2021 年工业增加值为按 5 年增长率测算数据；世界总量为可得数据的 180 个国家工业增加值总值。

中欧在产业链上具有较强的互补性。中国在劳动密集型产业和低附加值产业方面具有比较优势，多年来为欧洲消费者提供了许多物美价廉的商品；欧洲在高附加值和高技术行业具有优势，中国市场也为欧洲企业带来了丰厚的利润。根据世界银行《2020年世界发展报告》分析，在全球产业链的分布中，中国、墨西哥和斯洛伐克等在中等技术含量制造业比较突出，德国、日本和美国在创新商品和服务业比较突出，也印证了中国和欧盟是优势互补的。

中欧竞争加剧但难挡合作主流。随着中国产业转型升级，中国在新能源、人工智能等许多领域具备了竞争优势，发展势头迅猛；尤其是在可再生能源方面所需生产原料和产能方面，中国具有全球主导地位。比如中国在多晶硅生产中占据了全球硅锭和硅片 97% 的产量；在可再生能源方面所需生产原料和产能方面都具有全球主导地位；在风电领域，中国拥有全球最大的风力涡轮机制造商。然而，中欧经贸合作互补关系并未改变，合作仍然是中欧制造业竞合中的主旋律。中欧双方并无战略利益的直接冲突，在绿色转型过程中，中欧在绿色能源领域开展合作具有巨大潜力。

同样的情况也存在于汽车产业。汽车产业是中欧经济合作的重点领域之一。德国大众、奔驰、宝马等汽车领军企业是最早深入中国市场的几家外资企业。目前，至少有46%的德国制造业公司高度依赖来自中国的零部件和原材料。随着新能源汽车行业不断发展，我国新能源汽车制造在全球处于领先地位。从表面上看，中德在新能源汽车领域的竞争趋势加大。但是中国的体量优势可以把商品生产的边际成本压到最低，给予下游客户最大的盈利空间，这一优势不会改变。如果中德将在汽车领域的合作传统延续至新能源领域，中国可以提供电动化领域制造技术，而德国可以提供智能网联技术，两国将共同打开中欧的新能源汽车市场，进一步推进中德汽车制造合作将进入新时代。

专栏 6-1

中欧共促技术进步和产业升级做大利益蛋糕

根据波音对中国民用航空市场的展望，中国未来二十年会新增 6 450 架大型窄体客机和 1 590 架大型宽体客机的需求，平均每年将新增 332 架窄体客机和 80 架宽体客机。

虽然中国商飞公司 C919 飞机的成功试飞，标志着中国在民航领域的独立自主和技术进步，但 C919 飞机正处于量产前期的准备阶段，2025 年的年产能可能是 50 架，2030 年达 100 架，远不能达到未来中国市场的需求。因此未来很长一段时间中国还需要从国外购买窄体客机填补商飞的产能空缺。

空客公司如果填补了这个空缺，每年能从中国拿到200架高附加值的客机订单，营收将高达400亿美元。这本质上是因为中国民航市场的井喷对客机的数量提出了更多的需求。

因此，中国的高端工业之路，与中欧合作并不矛盾。相反，中国的产业升级，让老百姓的购买力大幅度增加，给欧洲带来了更大的消费市场。

（二）欧洲制造业大转移：中国机遇与挑战并存

乌克兰危机下的地缘政治冲突还在延续，欧洲能源短缺问题短期内无法解决，将使得欧洲制造业企业外迁的趋势更加明显，这将带来全球制造业新一轮迁移，进而可能改变全球制造业的格局，中国如果能够把握机会，将有望成为这一演变进程中受益的一方。

1. 中国承接欧洲制造业转移优势凸显

身为"世界工厂"的中国具备的三大优势有助于解决目前欧洲企业面临的困境，从而成为欧洲制造业企业转移的最佳选择目的地和制造业布局调整的主要受益者。

首先，中国工业电价等能源成本在全球范围内具有相对比较优势，中欧能源成本差异显著。2022年第二季度以来，中国天燃气均价大概是0.7万元每吨，德国均价约为中国的2至3倍；在电价方面，8月德国平均现货批发电价是0.5欧元每度，是2021年同期电价的4至5倍，也是中国电价的4至5倍。并且，欧洲的电价在冬季可能会继续上涨。中国能源供给有充分保障，风电、水电、光电等可再生能源发电量逐渐提升，为工业生产提供了稳定的支持。

其次，中国制造业产业门类齐全，产业链供应链相对稳固，抗风险能力强。当前，我国已建成门类齐全、独立完整的现代工业体系，工业经济规模跃居全球首位。我国工业拥有 41 个大类、207 个中类、666 个小类，是世界上工业体系最为健全的国家，形成一批产品集中生产、专业化协作配套、产业链条成熟的产业集群。在 500 种主要工业产品中，有 220 多种工业产品的产量位居全球第一，因此，我国应对供应链断链风险的能力相对较强。

最后，中国是全球制造业需求潜力巨大的市场，未来增长空间广阔。超大规模市场的消费潜力是激发全球供应链活力的重要引擎。在居民消费需求方面，我国拥有 14 亿人口和 4 亿中等收入群体，庞大的消费市场支撑中国持续巩固全球第二大商品消费市场的地位，2021 年，我国最终消费支出达 62.1 万亿元，对 GDP 的贡献率为 65.4%。在生产资料消费需求方面，我国对中间品需求稳步增长。根据世界综合贸易解决方案（WITS）的数据统计，2019 年，我国中间品进口额占全球中间品进口总额的 10.8% 左右，比 2012 年提高 1.7 个百分点；2012—2021 年，高技术中间品进口年均增速达 14%。作为全球制造业产业链的重要枢纽和节点，我国产业发展所形成的庞大需求为全球制造业发展注入了强大动力。

中国的比较优势也在发生改变，如果说 40 年前中国制造业的优势主要是廉价劳动力，那么现在的优势则是规模优势。中国制造及其庞大的市场需求对欧洲引力优势显著。近十年来，包括欧资企业在内的外商投资企业正在向高端化、大型化转型，逐步退出低盈利水平行业，在高盈利水平行业做大做强。根据荣鼎集团（Rhodium Group）的数据，过去十年，欧洲对华直接投资变得更集中，欧洲制造业巨头加速扩大对华投资（见图6-3）。2018—2021年间，德、荷、英、法4国对华投资的平均占比高达87%，较十年前的69%出现明显提高，其中，德国占比高达46%。实际上，欧洲对华投资也更集中于少数几大行业，尤其是高端技术制造业。整体看，汽车、食品加工、制药/生物技术、化学品和消费品制造等5大行业，占全欧洲对华直接投资近70%，较几年前65%的占比进一步提升。德国三大汽车巨头大众、宝马、奔驰以及化工巨头巴斯夫四家企业，占据了欧洲所有对华直接投资规模的34%。事实证明，如果跨国企业不在中国进行产业链供应链布局，不仅将失去中国市场和发展机遇，也会丧失其在国际市场中的竞争力。

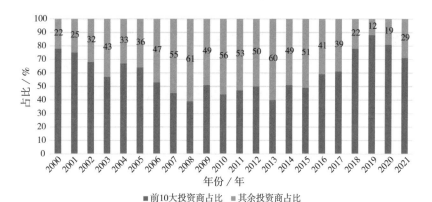

图6-3 2000—2021年欧洲外商直接投资在华集中度
数据来源：荣鼎咨询（Rhodium Group）

欧洲制造业面临供给冲击，中国高端机械装备加速进口替代。能源危机下，欧洲制造业能源/原材料成本上升，交付能力下降，中国高端装备的出口和进口替代进程或加速。以工控自动化行业为例，2022年以来，西门子、ABB、施耐德等企业以成本上升为由，多次上调产品价格。机器人、高端阀门、高端专用机床（含刀具片）、传动系统（含齿轮/轴承）、液压件、无油真空泵等高端核心零部件领域的海外供应商也出现了不同程度的涨价和将交货期拉长。由于看好这些高端领域国产厂商进口替代的机遇，欧洲头部制造业公司或加速寻求产能转移方案，我国有望凭借其成本及供应链优势承接较大部分的产业链转移。斯凯孚、达诺巴特、大众、巴斯夫等制造业企业在中国扩产，将进一步带动相关领域装备制造技术的进步。

专栏 6-2

企业家的使命是根系深扎基业长青

政治家的选择，往往是潮汐来去周期往复。而企业家的使命，却是要根系深扎基业长青。尽管欧洲一些政客叫嚣对华"脱钩"，推动产业链供应链转移，但脱钩并不是欧洲企业的选项。2022年9月21日，中国欧盟商会发布的《欧盟企业在华建议书2022/2023》提出，希望欧盟继续积极主动与中国互动，并反对经济脱钩。

中国对欧企来说是有吸引力的投资目的地，不仅在于其市场容量，还在于其创新市场地位。改革开放40多年来，中国一跃成为世界第二大经济体，庞大的经济体量和不同于欧洲的发展道路，在欧洲引起一些竞争担忧甚至焦虑，并非不可理解。但德语里有句话，"焦虑给不出好主意"。如果让焦虑主导了判断，得出的结论就可能是错误的。

德国三大汽车制造商大众、戴姆勒-奔驰和宝马在中国销售的比例都在30%以上。作为德国工业支柱的汽车业占德国GDP的4%左右，其根系却有三分之一来自中国。近期，大众汽车投资24亿元与中国自动驾驶芯片公司地平线成立合资公司，预计未来将有近40%的销售额和50%的利润来自于中国。此外，宝马MINI电动车一条生产线将从"故乡"牛津转移到中国。近年来，随着新能源车浪潮席卷全球，宝马也在加速推进全面电动化。由于牛津工厂"没有为电动汽车做好准备"，宝马下一代纯电车型MINI Aceman将改在中国生产，作为宝马与中国长城汽车合资项目的一部分。

全球医疗巨头也纷纷拓展"中国策"。西门子业务的三大板块——总部、医疗和能源，都在中国市场深深扎根。2022年10月，西门子医疗宣布，将高速增长的亚太区一分为二，即分为中国区和除中国以外的亚太区两部分。作为最早进入中国的外资医疗器械企业之一，本土化对于西门子医疗来说，并非是一个新的话题，但将中国区与亚太区分拆的布局却意义凸显。过去这些年，中国本土的药品、医疗器材、医疗影像公司，从能力、创新、产品研发多维度来看，都有了长足的进步，但中国对医疗需求呈现爆发式增长，预计到2030年，中国将成为全球最大的医疗科技市场，这为包括西门子在内的全球医疗企业打造更深的本土化策略提供了新的机遇。

2. 欧洲制造投资争夺战将愈演愈烈

事实上，一场吸引欧洲企业前去投资的竞争在全球主要经济体之间正在展开，并可能愈演愈烈。目前来看，欧洲制造业转移地区首选是中美以及其他地区，东南亚也是重要目的地。随着欧洲不断推进"近岸外包""友岸外包"战略，中东欧、东南亚、墨西哥等地也将获得更多青睐。"印度制造""越南制造"等新兴力量的迅速崛起正在对"中国制造"形成严峻挑战。

近年来，围绕制造业投资竞争更趋激烈，各国为吸引外国资本不断出台引资优惠政策。东盟较少受发达国家贸易打压，同时对外签订了大量自由贸易协议，数千种进出口商品的关税降为零。其中，中国—东盟自贸区协定降低了双边贸易成本，便利企业向东南亚转移制造业和从中国进口原材料等。东南亚国家税收优惠政策优势凸显。越南、印度尼西亚、菲律宾等国对华招商力度不断加大，减免外资企业2—15年的所得税，并给予减税、进口设备免税和出口免增值税等优惠，而外资企业在华所得税率为15%，普通国内企业面临相对较高的所得税率。截至2021年，国内企业所得税基本税率为25%，符合条件的小微企业税率为20%，高新技术企业的税率为15%。世界银行的报告显示，2016—2017年，中国企业的总税费负担占利润的比重分别为68%和65%，高于东盟八国。

另一个异军突起者是东欧。在其低廉的劳动力、优惠的税收以及同属欧盟的地缘亲近性等优势之外，欧洲多国正在着力打造专门吸引欧洲工业企业的政策与策略。2022年的德国《经济周刊》有专题报道，众多德国工业企业正考虑或已经动手前往东欧，比如波兰、捷克、罗马尼亚、匈牙利、保加利亚、斯洛伐克、塞尔维亚等国。以汽车零配件商为例，德国大陆汽车仅在2021年就于罗马尼亚当地工厂增加了500个就业岗位并承诺将继续扩建，并将投资2 000万欧元在该国设立研发中心；德科斯米尔（Dräxlmaier）官宣将在罗马尼亚投资2亿欧元，会创造1000个就业岗位；配伟奥控（PWO）预计将扩建在捷克的两间工厂，并有望增加800名员工；马勒已在东欧先后拥有15家工厂，采埃孚则在多家工厂投资之余也在追加研发投入。

不得不重点关注的是印度。印度经济总量在亚洲排第三位，居中国及日本之后。2022年以来，印度已超过英国，成为世界第五大经济体，印度正迅速成长为一个拥有庞大本土市场的生产基地。不过，虽然印度经济规模的世界排名10年间从第11位升至第5位，但在未来数年，印度能否持续快速增长、实现"赶德超日"的目标，难度依然不小。与中、美、日等超大经济体相比，印度目前经济规模仍然偏小，人均国民收入仍处于发展中国家水平，但"印度制造"的挑战绝不可小觑。

自2014年开始，印度莫迪政府决定树立"印度制造"招牌，希望借助印度人口多、成本低的优势，通过大力吸引外商投资，来振兴制造业。印度还推出了制造业促进政策，其目标是将印度制造业与国内生产总值（GDP）的比例由15%提高至25%，新增1亿个制造业岗位，推动印度商品出口占世界贸易总额由1.7%翻倍至3.4%。为此，印度从2014年以来，先后提出了"来印度制造"①（Make In India，简称 MII）政策、"印度制造 1.0"计划和"印度制造 2.0"计划，发展重点已转到高级化学电池、机电产品、汽车、制药、电讯网络、纺织产品和技术、食品制造、太阳能技术、白色家电及特种钢等十大制造业。为鼓励投资，印度政府为符合投资要求的企业提供总额为 2 万亿卢比的制造业促进计划，也出台了一系列开放投资政策。如 2016 年，印度全面改革外资直接投资规定改革法案，并在 2019 年 8 月和 10 月两次修订外国直接投资规则，"无须政府批准即可直接投资"的产业名单扩围，同时外资的持股比例得到进一步的放宽，并对符合条件的国内外投资进行投资激励。受此影响，包括美国、日本等国家的企业加大了对印度制造业的投资力度。持续的开放投资政策也给印度制造业带来了一定的利好。目前，印度制造业在国民经济中的比例已经得到提高。2021—2022 财年，印度制造业占 GDP 的比例已经上升至 16.76%，超过疫情前的水平。同期，印度制造业引进外商直接投资（FDI）达 213.4 亿美元，同比上涨 76%。以汽车工业为例，开放政策推动了欧美和亚洲厂商的涌入，印度汽车工业获得发展，甚至推动印度成为全球汽车零部件的高质量供应商。

---

① "来印度制造"（Make in India）是印度总理莫迪在 2014 年 9 月提出的发展倡议或行动口号，其主要目标是增加制造业在 GDP 中的比重，提升创新水平，减少环境污染，增加就业岗位。

专栏 6-3

苹果供应链转移背后的"印度造"与"中国制造"保卫战

2022年9月26日,全球科技巨头苹果公司(Apple)称,该公司已开始在印度生产 iPhone 14 系列手机。此前,彭博社曾报道称,由于苹果公司计划减少在华生产的份额,印度工业巨头塔塔集团(Tata Group)正在筹划同纬创成立印台合资企业,以推动苹果手机在印度境内的生产规模。

对于印度而言,这将是该国第一次生产苹果最新型号手机。据悉,苹果于2017年开始,通过纬创资通印度工厂生产本地智能手机业务线,但涉及产品一直是旧机型(比如 iPhone SE)而非最新型号。随后,富士康、和硕这两家组装厂也加入其中,扩大了印度生产 iPhone 的比例,并在印度组装 iPhone XR 和 iPhone 12 的部分组件,并先后有8家苹果代工厂落地印度。摩根大通认为,截至2022年年底,苹果公司将会把5%的 iPhone 14 生产移至印度完成。而目前在中国以外生产的苹果产品占比仅为5%。摩根大通预计,截至2025年,在中国境外生产的苹果产品占比将提升至25%,这些产品包括 Mac、iPad、Apple Watch 和 AirPods。

目前,印度是仅次于中国的全球第二大智能手机市场。根据苹果公司发布的2021年 Top200 供应商名单,其中中国厂商有98家,包括天马微电子、兆易创新、长盈精密等,主要集中于精密组件和材料供应模块。东南亚、美国、日本、韩国的企业数量紧随其后。其中，中国大陆新增了12家供应商，这足以说明中国零部件供应链对苹果公司的重要性。

苹果供应链向印度转移对"中国制造"影响的意义较为深远，这既有来自于中国劳动力成本上升的压力，更有美国推动"友岸外包"并加快对华"脱钩"的战略考量。对于劳动密集型的制造业产业来说，劳动力成本占总成本的比重极大，劳动力成本的提高也就很大程度上提高了产品的生产成本。

从战略层面看，中美新一轮脱钩已全面来临。不论是苹果产业链转移，还是拜登启动"印太经济框架"，目的都是凿空中国的世界工厂地位，扶持越南、印度、菲律宾等国成为新的世界工厂，降低对中国的产业链依赖。对中国而言，"中国制造"保卫战可能才刚刚打响。

3. "前堵后追"局势下"制造强国"是不可动摇的战略目标

行百里者半九十，路漫漫其修远兮。中国制造业通过改革开放 40 多年来的发展，在规模与产业体系完整性方面居于全球领先地位，但也存在产业附加值低、大而不强等突出问题，中国制造业和世界最先进水平相比还有差距。中国已是世界制造业大国，但其竞争优势聚集在中低端领域，在高端制造业领域方面竞争力还略显不足，并且面临着发达国家"高端制造回流"和发展中国家"中低端制造分流"的双向挤压。值得高度重视的是，当前全球制造业格局正发生重大结构性重组，中国劳动年龄人口数量开始下降，劳动力成本上升的"刘易斯拐点"早就到来，我国的产业体系将面对来自供应链上游和下游的双向挤压，既有来自上游国家的技术与创新压力，又有下游国家在生产要素成本上的逐底竞争，像三明治一样被夹在中间，我国需要同时应对压制与追逐两种经济环境。

近年来，"中国制造"遭遇"前堵后追"的形势更加紧迫。这一趋势如果持续，将严重影响中国产业链在全球中的地位，中国将很难甚至无法在国内形成完整的产业链闭环。在产业链条的高端依旧依赖于欧美国家的背景下，将加剧我国产业链受到外来冲击时的敏感性和脆弱性，"中国+1"战略可能会成为更多跨国企业的选择。因此，不断做大做强做优中国制造业，坚定不移推进"制造强国"目标依旧是当下中国发展的重要战略目标。

（三）重塑中欧制造业竞合格局的策略选择

经济利益始终是维系中欧关系的基石，中欧合作的韧性和潜力不应低估，双方合作应考虑减少政治干扰，做大共同市场。历史将再次证明任何想让中欧利益关系疏远的"离心力"都比不上双方利益增长带来的巨大"向心力"。同时，中欧之间也早已不是单行道，要想助推中欧制造业利益大蛋糕，要熟稔双方顾虑，洞悉相互优势，整合彼此关切，在这个意义上都必须付出巨大努力，重塑互利共赢的制造业竞合新格局。

"开放是当代中国的鲜明标识"，深刻有力的话语，总具有穿越时空的力量。近段时期以来，面对百年大变局、世纪大疫情、分工大调整，中国主动把握全球产业分工重构的主动权与国际合作发展的新机遇，不断释放高水平开放的强烈信号。党的二十大报告对推进高水平对外开放作出明确部署，强调要稳步扩大规则、规制、管理、标准等制度型开放，给外资企业吃了"定心丸"。2022年10月25日，国家发展改革委、商务部等六部门印发的《关于以制造业为重点促进外资扩增量稳存量提质量的若干政策措施》明确进一步加大制造业引资力度，着力解决外商投资企业面临的突出问题，全面加强外商投资促进和服务，推动利用外资高质量发展。

1. 以开放大市场为纽带，不断挖掘并释放中欧制造业合作潜力

作为全球贸易大国、制造业大国，以及极具潜力的超大规模市场，中国须通盘考量改革与开放、竞争与合作的平衡，充分发挥"世界工厂和世界市场"的巨大潜在优势。跨国企业是全球产业链和供应链的组织者和参与者，在国际经贸领域扮演着重要角色。未来，跨国企业依旧是中欧经贸合作的"稳定之锚"。要下大力气优化我国制造业市场化营商环境，重点对标新一轮高标准规则标准，全面提高货物贸易、服务贸易、投资等领域的自由化便利化水平，在国企改革、环境与可持续发展、知识产权保护、竞争政策等"边境后"规则地融入对接。要在存量上下功夫，针对政策可预期性、可操作性和配套性不够的问题，进一步落实《外商投资法》和《外商投资准入特别管理措施（负面清单）(2020年版)》，落实市场准入"全国一张清单"管理模式，在商事、投资、事中事后监管、行业管理制度等重点领域，实施更大范围、更宽领域、更深层次的对外开放，推动中欧双向对等开放，不断挖掘

并释放中欧制造业合作的潜能。

2. 以投资利益为纽带，大力推动中欧商业合作冲破政治屏障

避免政治干扰，增强双方互信，给投资者稳定的政策预期，紧紧拉住欧洲有识之士互利共赢的心，有助于双方深度绑定。在加大引资方面，应紧紧抓住欧洲制造业大转移的契机，针对欧洲跨国公司进行精准引资，鼓励欧资企业在华进行全产业链发展。支持欧洲企业参与我国自由贸易试验区、自由贸易港等开放高地建设。以欧洲制造业企业对华重大投资项目为抓手，把先进制造、高新技术制造等领域作为重大外资项目支持的主方向，更好地发挥重大外资项目的示范作用，重点鼓励欧洲汽车、机械设备、医药、化工等优势制造业扩大对华投资。持续支持中西部和东北地区国家级新区和开发区，以及承接产业转移示范区、加工贸易梯度转移重点承接地、国家加工贸易产业园更好发挥制造业引资带动作用，承接国际国内产业转移。

在对外投资方面，应加快制定对欧"精准"走出去战略。一是主体精准，鼓励民营企业对欧投资，给予海外利润汇回等方面的政策优惠。二是领域精准，建立对欧投资敏感领域提醒制度，帮助对欧投资企业避开其国家安全审查的敏感领域。三是方式精准，鼓励企业更多采取绿地投资而非跨境并购的方式在欧投资。注意进一步拓展合作的领域与形式，如加强在欧绿地投资、开展技术合作、赴欧创新研发、在欧洲资本市场上市，支持企业在欧积极推行本土化战略等。

3. 以产业链合作为纽带，全面提升中欧制造业合作质量水平

在经济全球化背景下，中国作为世界最大的制造业国家和出

口国，与欧洲早已经形成紧密的供应链、产业链关系。在维护全球产业链供应链安全稳定上，中欧拥有共同责任，也有广泛的共同利益和合作空间。如何确保稳定、安全和高效的供应链，减少供应链在风险面前的脆弱性也是中欧共同关心的议题。应充分发挥我国在全球产业链中难以替代的作用，利用我国完整齐全的产业链配套、完善的基础设施、新型举国体制等优势，不断降低制度性交易成本、畅通国际国内产业链大循环，做大中欧之间相互的利益存量。要加深双方在制造业产业链、供应链、价值链之间的相互连接，进一步巩固中欧产业，尤其是制造业的合作深度，加强双边优势互补，提升全球产业链供应链体系的稳定性和韧性，支持外商投资创新发展，鼓励外资在华设立研发中心，深化中欧科技开放合作，通过跨国合作激励国内产业往高端发展。深度绑定全球产业链价值链，充分利用外资企业跨国创新网络带动中国零部件企业提质增效"走出去"。促进中欧互联互通，积极引导中欧航线布局与制造业需求对接，进一步完善中欧之间物流枢纽布局，提升航空运力资源掌控能力，共同构建中欧之间空运通道全链路服务能力。

附 表

附表 1-1 欧盟构建"主权欧洲"的战略框架及主要内容

<table>
<tr><th colspan="2" rowspan="2">决策领域</th><th colspan="2">体系类别</th></tr>
<tr><th>"欧洲经济主权"的政策架构</th><th>"欧洲技术主权"的政策架构</th></tr>
<tr><td rowspan="2">对当前形势变化的战略认知</td><td>全球层面：对当前世界经济与国际战略格局的研判</td><td>● 国际多边贸易体系和全球治理架构遭遇严重挫折
● 大国间的经济竞争具有愈加重要的战略含义，正在与地缘政治融为一体</td><td>大国间技术竞争是其经济层面战略竞争的重要组成部分，对战略安全、地缘政治和大国权力政治影响深远</td></tr>
<tr><td>域外双边层面：对美国和中国与欧盟关系的研判</td><td>● 美欧和中欧在经济领域的双边竞争更趋激烈
● 欧盟在"战略性价值链"中的竞争力，不仅明显低于美国，也遭遇中国的挑战</td><td>在"战略性价值链"所包含的核心技术领域，欧美之间的差距在加速拉大，在人工智能与通信技术等领域，欧洲与中国相比也存在差距</td></tr>
<tr><td>欧盟新领导层构建的"经济主权与技术主权"的主要内容</td><td>总体原则</td><td>● 构建涵盖内部共同市场管理、技术与产业、贸易与投资等多领域的综合政策架构，凸显欧盟对内部的掌控力
● 尽可能扩大欧盟管制经济的规则体系的国际影响力</td><td>在"数字基础设施"等最尖端的前沿技术领域，依靠欧盟的政治领导力和规则领导力，实现欧洲完全自主掌握，尽可能减少对于外国技术进口的依赖</td></tr>
</table>

续表

决策领域		体系类别	
		"欧洲经济主权"的政策架构	"欧洲技术主权"的政策架构
欧盟新领导层构建的"经济主权与技术主权"的主要内容	内部层面：欧中单一市场的管理领域	●提升共同市场的内部管制与运作效率，促使成员国之间更加协调一致 ●该国原有竞争政策体系，减少对欧洲内部企业并购的阻碍，培养能与美国大公司抗衡的"欧洲超级企业"	对共同市场的运行机制开展进一步优化，营造促进技术研发的商业竞争环境，以减少阻碍欧洲内部企业研发和高科技企业做大做强的制度与规则障碍
	基础层面：技术与产业领域	●改革欧盟原有的集中于"横向"领域的产业政策体系，逐步出台新的带有"纵向"扶持色彩的系列产业政策（包括科技研发政策） ●建设欧洲自主掌控的"战略性价值链"，减少对于外产业链的"依赖"，并增强欧洲对外产业竞争力 ●推进"绿色新政"，建设"循环经济" ●推进欧洲各国能源系统的一体化	集中资源推进"战略性价值链"的各项技术研发，主要是推进与"数字基础设施"和低碳绿色经济相关的研发与应用，重点扶持人工智能、量子计算、区块链、工业物联网、机器人制造、新能源汽车等领域的技术研发
	中观层面：贸易与投资领域	●进一步增强"防御型"的贸易保护政策体系，实施更为严厉的"两反一保"规则，强化外来投资审查机制，以保护欧洲内部产业与市场 ●通过欧盟掌控的对外经济谈判权力，更强硬地推行"拓展性"贸易政策，推动域外经济体对欧盟企业与产品开放市场，为欧美企业建立"平等的国际竞技场" ●维护欧洲对外贸易与投资的自主性，抵制美国经济霸权对欧洲企业的第三方贸易与投资活动的损害	●通过持续推进欧洲自主尖端技术研发，来吸引欧洲制造业资本回流 ●强化各项政策以保证关键性原材料的供应，从而保证技术研发能不断向前推进

续表

决策领域		体系类别	
		"欧洲经济主权"的政策架构	"欧洲技术主权"的政策架构
欧盟新领导层构建的"经济主权与技术主权"的主要内容	宏观层面：金融与货币领域	● 优化欧洲货币联盟的内部运作体系，提升效率与政策实效 ● 提升欧元在国际货币体系中的影响力与地位，致力于构建欧盟和欧元主导的国际金融支付与流通体系，减少美国金融霸权对欧洲企业对外金融活动的控制或限制	推进云计算、量子通信和区块链等技术的金融应用，从而改善欧元区金融交易效率、提升欧元的国际地位
	外部层面：全球治理层面	● 尽力维持世贸组织的既有组织架构，但同时促使其朝着欧盟支持的方向改革 ● 借助欧盟新领导层的"绿色新政"，影响和塑造全球气候治理架构	利用"布鲁塞尔效应"与美国展开竞争，力争影响乃至主导当前新型尖端技术的标准及规则制定与管理的全球体系
	战略层面：战略安全领域	由欧盟出面协调各成员国的国防工业生产，最终形成欧盟主导的欧洲共同国防产业体系	欧盟介入和协调各成员国的军事技术研发活动，致力于建立全欧盟统一标准的军事研发体系
欧盟新领导层为构建"欧洲经济主权与技术主权"而开展的经济外交活动		建立涵盖贸易、投资、金融等多个领域的对外经济风险防范机制，减少美国对伊朗和俄罗斯等第三方的制裁可能给欧盟企业带来的利益损害，抵制美国对第三方制裁的经济霸权	推进与"战略性价值链"的核心技术相关的科技外交活动，吸引域外资源推进欧洲自主技术研发，防止自由技术的知识产权遭受侵害

资料来源：European Commission, Commission Staff Working Document, "Single Market Performance Report 2019 Accompanying Annual Sustainable Growth Strategy 2020," SWD（2019）444 final, Brssels, 17 December 2019; "A New Industrial Strategy for Europe," COM（2020）102 final, Burssels, 10 March 2020 等。

附表 3-1 2019—2021 年欧盟对华出口出口贸易额及占比

商品类目	2019 欧盟对华出口			2020 欧盟对华出口			2021 欧盟对华出口		
	金额/亿美元	增长率/%	占比/%	金额/亿美元	增长率/%	占比/%	金额/亿美元	增长率/%	占比/%
第1类 活动物;动物产品	68.5	58.04	2.48	108.2	58.10	4.18	106.8	-1.28	3.45
第2类 植物产品	12.1	39.57	0.44	18.5	53.24	0.71	233.4	26.32	0.75
第3类 动、植物油脂及其制品	3.3	5.91	0.12	3.8	13.94	0.15	7.2	90.45	0.23
第4类 食品、饮料、酒及醋;烟草及制品	84.9	-2.62	3.07	80.3	-5.48	3.10	91.7	14.24	2.96
第5类 矿产品	105.9	13.68	3.83	36.6	-65.43	1.41	38.6	5.37	1.24
第6类 化学工业及其相关工业的产品	441.4	15.15	15.97	431.5	-2.25	16.65	517.3	19.89	16.69
第7类 塑料及其制品;橡胶及其制品	100.8	-4.81	3.65	97.6	-3.11	3.77	118.5	21.33	3.82
第8类 革、毛皮及制品;箱包;肠线制品	36.9	7.47	1.34	43.2	16.84	1.67	62.6	45.02	2.02

续表

商品类目	2019 欧盟对华出口			2020 欧盟对华出口			2021 欧盟对华出口		
	金额/亿美元	增长率/%	占比/%	金额/亿美元	增长率/%	占比/%	金额/亿美元	增长率/%	占比/%
第9类 木及木制品；木炭；软木；编结品	27.4	34.14	0.99	34	24.21	1.31	44.6	31.06	1.44
第10类 木浆等；废纸、纸板及其制品	47.6	−10.45	1.72	39.6	−16.83	1.53	47.4	19.76	1.53
第11类 纺织原料及纺织制品	54	4.93	1.96	49.5	−8.43	1.91	67.2	35.85	2.17
第12类 鞋帽伞等；已加工的羽毛及其制品；人造花；人发制品	11.5	15.54	0.42	12.3	6.44	0.47	18.4	50.31	0.59
第13类 矿物材料制品；陶瓷品；玻璃及制品	19.5	−4.46	0.71	17.4	−10.92	0.67	21.1	21.49	0.68
第14类 珠宝、贵金属及制品；仿首饰；硬币	34.9	73.22	1.26	50.7	45.19	1.96	71.7	41.50	2.31
第15类 贱金属及其制品	145.7	−11.45	5.27	127.5	−12.52	4.92	148.8	16.71	4.80

续表

商品类目	2019 欧盟对华出口			2020 欧盟对华出口			2021 欧盟对华出口		
	金额/亿美元	增长率/%	占比/%	金额/亿美元	增长率/%	占比/%	金额/亿美元	增长率/%	占比/%
第16类 电机、电气、音像设备及其零部件	811.2	-1.91	29.35	787.6	-2.90	30.40	923.9	17.30	29.81
第17类 车辆、航空器、船舶及运输设备	517.9	-9.53	18.74	430.9	-16.80	16.63	533.2	23.73	17.20
第18类 光学、医疗等仪器；钟表；乐器	209.8	3.07	7.59	194.9	-7.09	7.52	220	12.89	7.10
第19类 武器、弹药及其零部件	0.062	-11.27	0.00	0.068	9.54	0.00	0.052	-23.49	0.00
第20类 杂项制品	27.3	-6.90	0.99	23.3	-14.83	0.90	26.7	14.82	0.86
第21类 艺术品、收藏品及古物	1.9	321.52	0.07	1.3	-33.14	0.05	6.6	413.79	0.21
第22类 特殊交易品及未分类商品	1.5	-57.31	0.06	2.6	67.84	0.10	3.6	42.66	0.12

数据来源：中国海关总署

附表 3-2 2019—2021 中国对欧盟出口贸易额及占比

商品类目	2019 中国对欧盟出口			2020 中国对欧盟出口			2021 中国对欧盟出口		
	金额/亿美元	增长率/%	占比/%	金额/亿美元	增长率/%	占比/%	金额/亿美元	增长率/%	占比/%
第1类 活动物；动物产品	31.1	1.50	0.73	20.4	-34.21	0.52	20.7	1.15	0.40
第2类 植物产品	23	5.31	0.54	22.1	-3.92	0.56	24.5	10.85	0.47
第3类 动、植物油脂及其制品	4.7	26.64	0.11	6	29.97	0.15	1 304	121.47	0.26
第4类 食品；饮料、酒及醋；烟草及制品	31.6	2.90	0.74	24.4	-22.70	0.62	27.2	11.39	0.52
第5类 矿产品	32.6	-6.78	0.76	16.9	-48.08	0.43	23.9	41.53	0.46
第6类 化学工业及其相关工业的产品	212.9	-5.37	4.98	215.9	1.41	5.50	349.8	62.04	6.74
第7类 塑料及其制品；橡胶及其制品	161.4	5.83	3.77	141.1	-12.53	3.60	197.5	39.93	3.81
第8类 革、毛皮及其制品；箱包；肠线制品	77.7	5.75	1.82	48.1	-38.17	1.22	63.2	31.58	1.22

续表

商品类目	2019 中国对欧盟出口			2020 中国对欧盟出口			2021 中国对欧盟出口		
	金额/亿美元	增长率/%	占比/%	金额/亿美元	增长率/%	占比/%	金额/亿美元	增长率/%	占比/%
第9类 木及木制品；木炭；软木；编结品	33.2	1.05	0.78	24.7	-25.71	0.63	34.5	39.77	0.66
第10类 木浆；废纸等；纸、纸板及其制品	37.2	11.59	0.87	24.1	-35.34	0.61	29.4	22.31	0.57
第11类 纺织原料及纺织制品	457.1	-5.58	10.69	517.4	13.20	13.18	455.7	-11.93	8.79
第12类 鞋帽伞等；已加工的羽毛及其制品；人造花；人发制品	141.7	3.46	3.30	92.1	-34.71	2.35	124.1	34.71	2.39
第13类 矿物材料制品；陶瓷品；玻璃及制品	88.4	15.96	2.07	63.4	-28.33	1.61	84.5	33.36	1.63
第14类 珠宝、贵金属及制品；仿首饰；硬币	12.9	40.47	0.30	10.7	-16.98	0.27	16.6	54.98	0.32
第15类 贱金属及其制品	273.6	0.38	6.40	213.8	-21.88	5.45	322.7	50.96	6.22

续表

商品类目	2019 中国对欧盟出口			2020 中国对欧盟出口			2021 中国对欧盟出口		
	金额/亿美元	增长率/%	占比/%	金额/亿美元	增长率/%	占比/%	金额/亿美元	增长率/%	占比/%
第16类 电机、电气、音像设备及其零部件	1 878.1	4.64	43.92	1 778.3	−5.31	45.32	2 329.7	31.01	44.92
第17类 车辆、航空器、船舶及运输设备	178.4	1.54	4.17	167.4	−6.16	4.27	307.3	83.53	5.92
第18类 光学、医疗等仪器；钟表；乐器	152.2	5.31	3.56	148.6	−2.39	3.79	187.1	25.92	3.61
第19类 武器、弹药及其零部件	0.28	7.27	0.01	0.3	7.99	0.01	0.44	45.27	0.01
第20类 杂项制品	427.5	14.13	10.00	342.6	−19.88	8.73	490.8	43.28	9.46
第21类 艺术品、收藏品及古物	0.8	101.55	0.02	0.85	6.60	0.02	8.7	915.98	0.17
第22类 特殊交易品及未分类商品	20.4	192.69	0.48	45.2	121.37	1.15	75	65.96	1.45

数据来源：中国海关总署

附表 4-1　2019—2021 年欧盟对华出口贸易额及同比增长率

商品类目	2019 年		2020 年		2021 年	
	进口额/亿美元	进口额增长率/%	进口额/亿美元	进口额增长率/%	进口额/亿美元	进口额增长率/%
第 1 类 活动物；动物产品	68.5	58.04	108.2	58.10	106.8	-1.28
第 2 类 植物产品	12.1	39.57	18.5	53.24	233.4	26.32
第 3 类 动、植物油脂及其制品	3.3	5.91	3.8	13.94	7.2	90.45
第 4 类 食品；饮料、酒及醋；烟草及制品	84.9	-2.62	80.3	-5.48	91.7	14.24
第 5 类 矿产品	105.9	13.68	36.6	-65.43	38.6	5.37
第 6 类 化学工业及其相关工业的产品	441.4	15.15	431.5	-2.25	517.3	19.89
第 7 类 塑料及其制品；橡胶及其制品	100.8	-4.81	97.6	-3.11	118.5	21.33
第 8 类 革、毛皮及制品；箱包；肠线制品	36.9	7.47	43.2	16.84	62.6	45.02
第 9 类 木及木制品；木炭；软木；编结品	27.4	34.14	34.0	24.21	44.6	31.06
第 10 类 木浆等；废纸；纸、纸板及其制品	47.6	-10.45	39.6	-16.83	47.4	19.76
第 11 类 纺织原料及纺织制品	54.0	4.93	49.5	-8.43	67.2	35.85
第 12 类 鞋帽伞等；已加工的羽毛及其制品；人造花；人发制品	11.5	15.54	12.3	6.44	18.4	50.31
第 13 类 矿物材料制品；陶瓷品；玻璃及制品	19.5	-4.46	17.4	-10.92	21.1	21.49
第 14 类 珠宝、贵金属及制品；仿首饰；硬币	34.9	73.22	50.7	45.19	71.7	41.50
第 15 类 贱金属及其制品	145.7	-11.45	127.5	-12.52	148.8	16.71
第 16 类 机电、音像设备及其零件、附件	811.2	-1.91	787.6	-2.90	923.9	17.30

续表

商品类目	2019年 进口额/亿美元	2019年 进口额增长率/%	2020年 进口额/亿美元	2020年 进口额增长率/%	2021年 进口额/亿美元	2021年 进口额增长率/%
第17类 车辆、航空器、船舶及运输设备	517.9	-9.53	430.9	-16.80	533.2	23.73
第18类 光学、医疗等仪器；钟表；乐器	209.8	3.07	194.9	-7.09	220.0	12.89
第19类 武器、弹药及其零件、附件	0.062	-11.27	0.068	9.54	0.052	-23.49
第20类 杂项制品	27.3	-6.90	23.3	-14.83	26.7	14.82
第21类 艺术品、收藏品及古物	1.9	321.52	1.3	-33.14	6.6	413.79
第22类 特殊交易品及未分类商品	1.5	-57.31	2.6	67.84	3.6	42.66

数据来源：中国海关数据，CEIC

附表4-2 2019—2021年中国对欧盟出口贸易额及同比增长率

商品类目	2019年 出口额/亿美元	2019年 出口额增长率/%	2020年 出口额/亿美元	2020年 出口额增长率/%	2021年 出口额/亿美元	2021年 出口额增长率/%
第1类 活动物；动物产品	31.1	1.50	20.4	-34.21	20.7	1.15
第2类 植物产品	23.0	5.31	22.1	-3.92	24.5	10.85
第3类 动、植物油脂及其制品	4.7	26.64	6.0	29.97	1 304	121.47
第4类 食品；饮料、酒及醋；烟草及制品	31.6	2.90	24.4	-22.70	27.2	11.39
第5类 矿产品	32.6	-6.78	16.9	-48.08	23.9	41.53
第6类 化学工业及其相关工业的产品	212.9	-5.37	215.9	1.41	349.8	62.04
第7类 塑料及其制品；橡胶及其制品	161.4	5.83	141.1	-12.53	197.5	39.93

续表

商品类目	2019年 出口额/亿美元	2019年 出口额增长率/%	2020年 出口额/亿美元	2020年 出口额增长率/%	2021年 出口额/亿美元	2021年 出口额增长率/%
第8类 革、毛皮及制品；箱包；肠线制品	77.7	5.75	48.1	−38.17	63.2	31.58
第9类 木及木制品；木炭；软木；编结品	33.2	1.05	24.7	−25.71	34.5	39.77
第10类 木浆等；废纸；纸、纸板及其制品	37.2	11.59	24.1	−35.34	29.4	22.31
第11类 纺织原料及纺织制品	457.1	−5.58	517.4	13.20	455.7	−11.93
第12类 鞋帽伞等；已加工的羽毛及其制品；人造花；人发制品	141.7	3.46	92.1	−34.71	124.1	34.71
第13类 矿物材料制品；陶瓷品；玻璃及制品	88.4	15.96	63.4	−28.33	84.5	33.36
第14类 珠宝、贵金属及制品；仿首饰；硬币	12.9	40.47	10.7	−16.98	16.6	54.98
第15类 贱金属及其制品	273.6	0.38	213.8	−21.88	322.7	50.96
第16类 机电、音像设备及其零件、附件	1 878.1	4.64	1 778.3	−5.31	2 329.8	31.01
第17类 车辆、航空器、船舶及运输设备	178.4	1.54	167.4	−6.16	307.3	83.53
第18类 光学、医疗等仪器；钟表；乐器	152.2	5.31	148.6	−2.39	187.1	25.92
第19类 武器、弹药及其零件、附件	0.28	7.27	0.30	7.99	0.44	45.27
第20类 杂项制品	427.5	14.13	342.6	−19.88	490.8	43.28
第21类 艺术品、收藏品及古物	0.80	101.55	0.85	6.60	8.7	915.98
第22类 特殊交易品及未分类商品	20.4	192.69	45.2	121.37	75.0	65.96

数据来源：中国海关总署，CEIC

附表 4-3 2019—2021 年中国—欧盟进出口占比变化

商品类目	进口占比/%			出口占比/%		
	2019 年	2020 年	2021 年	2019 年	2020 年	2021 年
第 1 类 活动物；动物产品	2.48	4.18	3.45	0.73	0.52	0.40
第 2 类 植物产品	0.44	0.71	0.75	0.54	0.56	0.47
第 3 类 动、植物油脂及其制品	0.12	0.15	0.23	0.11	0.15	0.26
第 4 类 食品；饮料、酒及醋；烟草及制品	3.07	3.10	2.96	0.74	0.62	0.52
第 5 类 矿产品	3.83	1.41	1.24	0.76	0.43	0.46
第 6 类 化学工业及其相关工业的产品	15.97	16.65	16.69	4.98	5.50	6.74
第 7 类 塑料及其制品；橡胶及其制品	3.65	3.77	3.82	3.77	3.60	3.81
第 8 类 革、毛皮及制品；箱包；肠线制品	1.34	1.67	2.02	1.82	1.22	1.22
第 9 类 木及木制品；木炭；软木；编结品	0.99	1.31	1.44	0.78	0.63	0.66
第 10 类 木浆等；废纸；纸、纸板及其制品	1.72	1.53	1.53	0.87	0.61	0.57
第 11 类 纺织原料及纺织制品	1.96	1.91	2.17	10.69	13.18	8.79
第 12 类 鞋帽伞等；已加工的羽毛及其制品；人造花；人发制品	0.42	0.47	0.59	3.30	2.35	2.39
第 13 类 矿物材料制品；陶瓷品；玻璃及制品	0.71	0.67	0.68	2.07	1.61	1.63
第 14 类 珠宝、贵金属及制品；仿首饰；硬币	1.26	1.96	2.31	0.30	0.27	0.32
第 15 类 贱金属及其制品	5.27	4.92	4.80	6.40	5.45	6.22
第 16 类 机电、音像设备及其零件、附件	29.35	30.40	29.81	43.92	45.32	44.92
第 17 类 车辆、航空器、船舶及运输设备	18.74	16.63	17.20	4.17	4.27	5.92

续表

商品类目	进口占比/%			出口占比/%		
	2019年	2020年	2021年	2019年	2020年	2021年
第18类 光学、医疗等仪器；钟表；乐器	7.59	7.52	7.10	3.56	3.79	3.61
第19类 武器、弹药及其零件、附件	0.00	0.00	0.00	0.01	0.01	0.01
第20类 杂项制品	0.99	0.90	0.86	10.00	8.73	9.46
第21类 艺术品、收藏品及古物	0.07	0.05	0.21	0.02	0.02	0.17
第22类 特殊交易品及未分类商品	0.06	0.10	0.12	0.48	1.15	1.45
合计	100	100.00	100.00	100.00	100.00	100.00

数据来源：中国海关总署

附表4-4 欧盟对华货物贸易出口额前20类

HS编码（4位）	欧盟对华出口前20类	出口额/亿美元	占比/%
8703	乘用车	250.3	9.60
8708	汽车零部件	132.6	5.09
8542	集成电路	105.4	4.04
3004	药物	97.3	3.74
8802	飞行器	79.8	3.06
3002	药制品	57.5	2.21
2032	其他冻藏猪肉	46.4	1.78
8537	仪器装置	41.4	1.59
8486	电气元器件	39.1	1.50
8481	阀门装置	35.8	1.38
8479	机械器具	35.5	1.36
9018	医用仪器及器具	32.8	1.26
4202	箱包	32.3	1.24
8536	电路开关	30.2	1.16
9031	测量仪器	27.8	1.07
8411	内燃发动机	25.6	0.98

续表

HS 编码（4 位）	欧盟对华出口前 20 类	出口额／亿美元	占比／%
8483	汽车零部件	25.4	0.98
1901	食品添加剂	25.3	0.97
3304	化妆品及护肤品	24.9	0.96
8413	特殊工业设备	24.4	0.94

数据来源：联合国货物贸易统计数据库（UN Comtrade Database）

附表 4-5　中国对欧货物贸易出口额前 20 类

HS 编码（4 位）	中国对欧盟出口前 20 类	出口额／亿美元	占比／%
8517	通信设备	536.9	9.63
8471	数据处理设备	530.4	9.52
8541	电子元器件	128.4	2.30
8504	电力机械	99.3	1.78
8528	家用设备	91.0	1.63
8507	蓄电池	89.6	1.61
9405	照明灯具	86.5	1.55
9401	坐具及零件	81.2	1.46
8529	其他传动装置及变速装置	74.7	1.34
8516	其他电热器具	70.7	1.27
8703	乘用车	70.4	1.26
9503	玩具	69.2	1.24
8473	其他机器零附件	67.8	1.21
3926	塑料用品	65.2	1.17
9403	杂项制品	63.3	1.14
8708	机动车辆零附件	59.9	1.07
8542	集成电路	59.7	1.07
9506	体育活动或竞技用品	58.4	1.05
2933	仅含氮杂原子的杂环化合物	57.9	1.04
3002	药制品	55.0	0.99

数据来源：联合国货物贸易统计数据库（UN Comtrade Database）

参考文献

[1] WIPO. Executive Summary PCT Yearly Review 2022 [EB/OL]. https://www.wipo.int/publications/en/details.jsp?id=4612&plang=EN.

[2] European Commission. Trade for all-towards more responsible trade and investment policy. [EB/OL]. https://trade.ec.europa.eu/doclib/docs/2015/October/tradoc-153846.pdf.

[3] European Commission. An open, sustainable and assertive trade policy [EB/OL]. (2021-02-08）[2021-05-21]. https://ec.europa.eu/commission/presscorner/detail/en/qanda-21-645.

[4] BP. bp Statistical Review of World Energy 2022.

[5] OPEC. OPEC Monthly Oil Market Report September 2022.

[6] OPEC. OPEC Monthly Oil Market Report July 2022.

[7] U.S. Energy Information Administration. Short-Term Energy Outlook September 2022.

[8] U.S. Energy Information Administration. Monthly Energy Review October 2022.

[9] IMF. WORLD ECONOMIC OUTLOOK: COUNTERING THE COST-OF-LIVING CRISIS. October 2022.

[10] International Energy Agency. World Energy Outlook 2022.

[11] MONTANINO A, GIOVANE D C, CARRIERO A, Strategic Value Chains: Towards a Resilient and Sustainable Post-Pandemic Recovery [R], CEPS, Task Force Working Group Report, 2021.

[12] Rhodium Group. The Chosen Few: A Fresh Look at European FDI in China [EB/OL]. (2021-09-14). https://rhg.com/research/the-chosen-few/.

[13] 王一鸣. 百年大变局、高质量发展与构建新发展格局 [J]. 管理世界，2020，(12).

[14] 周弘，金玲. 中欧关系70年：多领域伙伴关系的发展 [J]. 欧洲研究，2019，(05)：1-15.

[15] 冯怡然. 欧盟对华政策三大新变化及中欧关系发展趋势 [J]. 国际论坛，2021，(04).

[16] 张茉楠. 全球经贸规则体系正进入2.0时代 [J]. 宏观经济管理，2020，(04).

[17] 陈东林. 开放的前奏："四三方案"及其对改革开放的影响 [J]. 中国国家博物馆馆刊，2019，(01)：10-19.

[18] 张林初. 中欧关系七十年回顾与展望. 中国社会科学网 [EB/OL]. 2019-08-27. http://www.cssn.cn/gjgxx/201908/t20190827_4962671_2.shtml.

[19] 冯仲平. 欧洲对华政策变化与中欧关系的强大韧性. 国际论坛公众平台 [EB/OL]. 2022-03-25.http://caes.cssn.cn/yjdt/202203/t20220331_5401599.shtml.

[20] 周荣耀. "亚洲新战略"：欧洲版和美国版 [J]. 世界知识，2001，(19)：17-19.

[21] 王振玲.欧盟的东亚外交与安全政策：自主抑或追随？[J].欧洲研究，2019,37(04)：67-87+6-7.

[22] 李姝影，张娴，刘婷，等.从WIPO系列报告看中国加强知识产权赋能创新发展态势[J].世界科技研究与发展，2020，(04)：359-375.

[23] 赵晨.欧盟对华政策的继承与变化[J].旗帜，2019,(09)：91-92.

[24] 刘丽荣.德国对华政策的特殊性及其对欧盟对华政策的影响[J].德国研究，2013(03)：45-57.

[25] 张腾军.欧美"印太战略"之比较及其互动前景分析[J].法国研究，2022,(01)：19.

[26] 汪金国,张立辉.欧盟加速推动"印太战略"及其影响[J].国际论坛，2022,(01)：25-43.

[27] 熊炜.德国对华政策转变与默克尔的"外交遗产"[J].欧洲研究，2020,(06)：1-15.

[28] 赵怀普.国际格局调整与中美欧三边关系的演进[J].当代世界，2022,(03)：16-21.

[29] 唐永胜.中美欧三边关系结构变化及中国战略选择[J].探索与争鸣，2022,(01):16-20.

[30] 刘曙光.中欧经贸合作：成效、挑战与机遇[J].当代世界，2020,(06)：39-47.

[31] 金玲."主权欧洲"、新冠疫情与中欧关系[J].外交评论(外交学院学报)，2020,(04)：71-94.

[32] 南方，杨云，邵昊华，等.中国—欧盟科技合作现状分析与

建议 [J]. 世界科技研究与发展，2019，(6)：621-633.

[33] 欧盟企业在中国建议书 2022-2023 [R]. https://www.europeanchamber.com.cn/documents/signup/zh/pdf/1068.

[34] BECKER T, CORNETT C, LINK S. 不断变化的德国外商投资法律环境 [EB/OL]. (2018-08-16)［2022-03-27］. https://www.Kwm.Co/zh/cn/knowledge/insights/changes-to-foreign-investment-control-in-germany-20180816.

[35] 赵柯，毕阳. 转变中的欧盟对华经济外交——从"以商促变"到"负责任共存"[J]. 国际展望，2022，(14).

[36] 寇蔻. 中欧经贸依赖关系的变化及未来走向 [J]. 欧洲研究，2022，(01).

[37] 商务部，国家统计局和国家外汇管理局. 2020 年度中国对外直接投资统计公报 [EB/OL]. 2021-9.http://images.mofcom.gov.cn/hzs/202111/20211112140104651.pdf.

[38] 商务部. 中国外资统计公报 2021 [EB/OL]. 2021-11http://images.mofcom.gov.cn/wzs/202111/20211125164038921.pdf.

[39] 欧盟中国商会. 2021 年中国企业在欧盟发展报告 [EB/OL]. 2021-10.

[40] 荣鼎集团. 中国对欧直接投资：2021 年更新 [EB/OL]. https://rhg.com/research/chinese-fdi-in-europe-2021-update/. 2022-4.

[41] 荣鼎集团. 熔断机制：确保欧洲的绿色能源供应链安全 [EB/OL]. https://rhg.com/research/circuit-breakers-securing-europes-green-energy-supply-chains/.2022-5.

[42] 荣鼎集团. 被选中的少数人：重新审视欧洲对中国的外国直接投资 [EB/OL]. https://rhg.com/research/the-chosen-few/.2022-9.

[43] 张茉楠. 国际经贸规则重构进行时 [J]. 半月谈，2020，(05).

[44] 张茉楠. 欧盟产业政策强化"国家干预"色彩 [J]. 改革内参，2020，(09).

[45] 胡子南. 欧盟强化对华经贸防御工具的动因、举措、影响及中国应对 [J]. 太平洋学报，20220，(03).

[46] 叶斌. 欧盟《外国补贴白皮书》的投资保护问题刍议. 国际法研究 [J]. 2020，(06)：70-85.

[47] 姚玲，秦磊. 欧盟新贸易政策及其对中欧经贸关系的影响 [J]. 国际贸易，2021，(07).

[48] 商务部国际贸易经济合作研究院，中国驻德国大使馆经济商务处，商务部对外投资和经济合作司. 对外投资合作国别(地区)指南：德国 (2021 年版)[R/OL]. (2022-01) [2022-03-27]. http: //www. mofcom. gov.cn/dl/gbdqzn/upload /deguo.pdf.

[49] 中国贸促会研究院. 欧盟营商环境报告 2020/2021 [R/OL]. (2021-04-29) [2022-03-27]. https://www.ccpit-academy.org/content-149-297. html.

[50] 王永中. 全球能源格局发展趋势与中国能源安全 [J]. 人民论坛·学术前沿. 2022，(13)：14-23.

[51] 于宏源，张致博. 欧洲能源危机及其启示 [J]. 能源，2022，(04)：25-27.

[52] 宁留甫. 能源转换的政治经济学分析 [M]. 长春：吉林出版集

团, 2016 年 4 月.

［53］联合国工业发展组织 (UNIDO). 2022 工业发展报告 — 概述 —— 后疫情时代工业化的未来 [R].

［54］李晓华. 新工业革命对产业空间布局的影响及其表现特征 [J]. 西安交通大学学报(社会科学版), 2021(02): 1-5.

［55］张茉楠. 中美产业链重构背后的全球变局. 金融与经济 [J]. 2020, (5).

［56］孙彦红, 吕成达. 欧盟离"再工业化"还有多远? —— 欧盟"再工业化"战略进展与成效评估 [J]. 经济社会体制比较, 2020, (04): 147-159.

［57］苗圩. 提升产业链供应链现代化水平 [J]. 中国经济评论, 2021, (02): 10-13.

［58］张其仔. 提升产业链供应链现代化水平路径研究 [J]. 中国工业经济, 2021, (02).

［59］王一鸣, 张茉楠. 中国培育和激发国内市场潜力的政策实践与创新 [J]. 区域经济评论, 2021, (06).